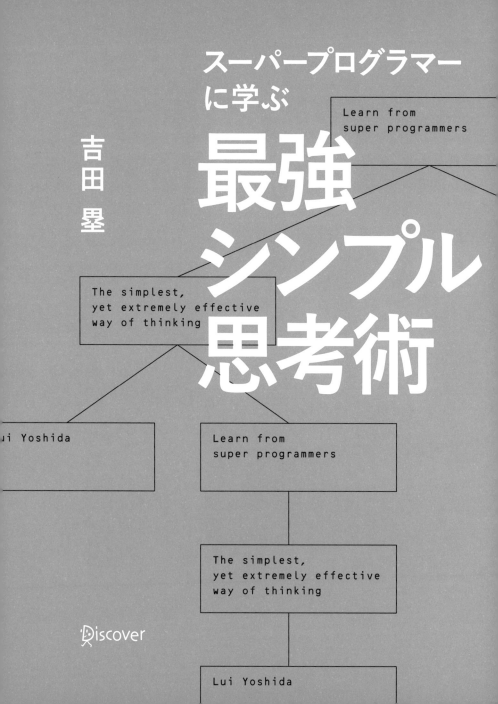

はじめに

次のような願いはありませんか？

- ものごとを深く理解したい
- 分かりやすくものごとを伝えたい
- 新たな発想を得たい

　一見するとこれらの願いはバラバラに見えます。このような願いをまとめて解決できる方法があればいいのにと思いませんか？
　実はあるんです。それは「シンプルに考える」ことです。それでは、「シンプルに考える」とはどういうことでしょうか？
　その答えは、今世紀活躍しているプログラマーたちの考え方にありました。そして、彼らの考え方を応用することでそれらの願いがかなうのです。

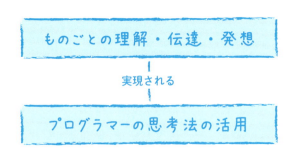

■プログラマーはものごとをシンプルに考える

　プログラマーはパソコンの画面に向かってひたすらキーボードを使ってコード（命令文）を打っているというイメージを持っているかもしれません。しかし、それだけではありません。

　建築家が家を建てる前に設計図を描くように、プログラマーもプログラムを開発する前に設計図を作ります。家がドア、柱、窓など色々な部品からできているように、プログラムも色々な部品から構成されています。

　プログラマーはめんどうくさがりです。そのため、無駄な作業を嫌います。行き当たりばったりでプログラムを作ると最終的につじつまが合わなくなり、結局無駄な作業が発生してしまいます。そこで、事前にさまざまな部品をどう作り、どう配置するかを考え、無駄なく作業できるようにするのです。

　そのときに使うのがモデルです。モデルと聞くと、ファッションモデルやビジネスモデルなどが想像されるかもしれません。しかし、プログラマーたちが使うモデルはそれらとは異なります。「さまざまなルールに則った、プログラマー同士が分かり合うための共通言語」です。

　プログラマーが使うモデルは複雑で、多くの人にとって扱うのが難しいものとなっています。しかし、プログラマーの考え方を知ることができれば、それだけでも多くのメリットを得ることができます。

　そこで、プログラマーが使うモデルのエッセンスを抽出して、一般的に使えるようにした最強のシンプルな思考術がモデルベース思考です。

　本書では、そのモデルベース思考の基本となるモデルに関する基礎知識、モデルの作り方、モデルの活用方法をご紹介していきます。そして、最終的にはみなさんの仕事や生活に応用してもらうことを目指します。

はじめに

■モデルとは何か

　モデルとは「ものごとをシンプルに表現したもの」と言えます。ファッションモデルやビジネスモデルは、ファッションやビジネスにおいて大事なところをシンプルに表現したものと言うことができます。また、物語の構成をシンプルに表現した「起承転結」もモデルです。

　このように、多くのものがモデルと言えます。そうすると、モデルに当てはまるものが多すぎてどのように表現すればよいか分からなくなってしまいます。そこで、モデルベース思考では、究極にシンプルにものごとを表現する方法として四角（要素）と線（関係）でモデルを表現していきます。

　たとえば、「車は複数のタイヤを持つ」や「生物は動物と植物から構成される」ということをモデルとして表現すると次のようになります。

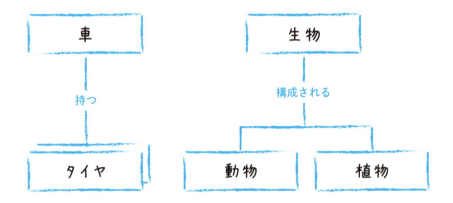

■モデルで複雑なものごとを理解する

　このようにシンプルな見た目であっても、複雑なものごとを表現することができます。具体例として、放射能のモデルを見てみましょう。まずはモデルです。

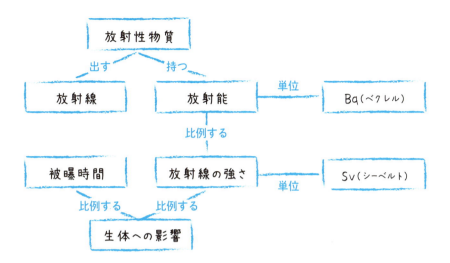

　放射能とは生体に悪影響を与える放射線を出す能力のことです。放射能は能力のことなので何かものを表しているわけではありません。実際、放射線を出すものを放射性物質と言います。つまり、放射性物質が放射線を出し、また、放射線を出す能力（放射能）を持っているという関係です。

　そして、私たちの多くが気にするのは生体への影響です。これには、放射線の強さと被曝時間（放射線を受け続ける時間）のふたつが影響します。放射線の強さが強いほど、また被曝時間が長いほど生体への影響が大きくなります。

　最後に、聞き覚えのあるベクレルとシーベルトという言葉についてです。それぞれ、ベクレルは放射能の強さ、シーベルトは生体への影響を測る単位となっています。

　これらをまとめたモデルをもう一度見てみましょう。複雑なものごとがいくらかシンプルに分かりやすく表現されているのではないでしょうか。このように、モデルを使うと複雑なものでも理解できるようにシンプルに表すことができます。

モデルを使って発想する

　モデルは、ものごとを整理して理解したり、分かりやすく伝えたりするためだけでなく、発想するためにも使えます。

　プリンターのビジネスモデルをご存知でしょうか？ 実は、お客さんがプリンター本体を購入するところで儲けているのではなく、インクを購入するところで儲けているのです。

　つまり、プリンター購入という初期費用ではなく、インク購入で発生する維持費で儲けているということです。

　たとえば、あなたがある WEB システムを開発する会社の社員だとしましょう。そして、プリンターのビジネスモデル、つまり初期費用で儲けるのではなく維持費で儲けるという知恵を持っていた場合、自分の会社のビジネスに応用できるかもしれません。たとえば、初期費用としてシステム購入を考えれば、維持費はメンテナンスで得られるといった具合です。

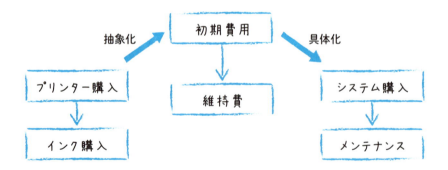

　このように、プリンターのビジネスモデルといった事例をモデル化して、それを抽象化し、自分の文脈で具体化すると、新たな発想が得られるということです。つまり、モデルを使うと発想を（ひらめくのではなく）考えつけるのです。

この本の構成

これまでにお伝えしたように、ものごとをモデル化、抽象化、具体化することで、すなわち、モデルベース思考を活用することで、ものごとを理解でき、分かりやすく伝えられ、新たな発想を考えつけるようになります。

本書を通じて、その鍵となる最強シンプル思考術「モデルベース思考」についてご紹介していきます。

以下、この本の構成について紹介します。

第1章「モデルって何だろう？」では、モデルベース思考の基礎となるモデル一般について学びます。

第2章「モデルの作り方」では、モデルの基礎的な作り方を学び、モデルベース思考に慣れていきます。

第3章「モデルを使うメリット」では、モデルの作り方を理解したうえで、モデルを作る・使うメリットをご紹介します。

第4章「よりよいモデルを作るには？」では、第3章までの知識をふまえて、より高度なモデルの作り方について学びます。

第5章「身近なもののモデルを作る」では、ことわざや寓話をもとに実際にモデルを作ることで、モデルに関する理解を深めます。

第6章「モデルを使い倒す方法」では、作った経験をふまえて、モデルベース思考についてキーワードを中心に整理します。

そして、第7章「モデルをビジネスに活かす」では、ビジネスの現場で活用することを目指して、モデルベース思考をビジネスに応用してみます。

これらを通して、みなさんが、基本となるモデルについて学び、実際にモデルを作り、最終的にはモデルを活用することで、最強シンプル思考術である「モデルベース思考」を学ぶことを目指します。

はじめに

CONTENTS

はじめに──2

- プログラマーはものごとをシンプルに考える──3
- モデルとは何か──4
- モデルで複雑なものごとを理解する──4
- モデルを使って発想する──6
- この本の構成──7

第1章

モデルって何だろう?

プログラマーはシンプルに考える──16

- モデルとは?──17

モデルとは型である──18

- 序論・本論・結論──18
- 起承転結──19
- 人体模型──20
- 路線図──21
- ビジネスモデル──22

モデルベース思考におけるモデル──23

第2章

モデルの作り方

ものごとをシンプルにしていく── 26
- モデルを作るとは考えること── 27
- 画才がなくても大丈夫── 27

モデルの基本構造とは？── 28
- モデルは「要素と要素の関係」を示したもの── 28
- なにごとも突き詰めれば四角と線── 29

目的を明確にし、視点を定める── 30
- 目的・視点を変えて書籍をモデル化する── 30

要素を書き出す── 32
- 重要なものを要素にする── 32
- 要素は名詞で書く── 33
- 「売上高と5つの利益」から要素を抜き出す── 34

関係を明らかにする── 36
- 要素と要素の関係をひとつひとつ見ていく── 36
- 要素と要素の関係を考え続ける── 37

配置を整える── 38
- 同じグループの要素は揃えて配置する── 38
- 左から右、上から下に読めるように配置する── 39

COLUMN UMLとモデルベース思考── 42
COLUMN 四角と線だけだと味気ない！？── 43

第3章

モデルを使うメリット

モデルにはメリットがたくさん── 46
■情報のアウトプットが促される── 47
■対象についての理解が深まる── 47

図解化のメリットを受けられる── 48

全体像をつかむことができる── 49
■モデルは要素とその関係を視覚的に示す── 50
■モデルは時間変化する現象も表現できる── 52

論理的に考えることができる── 54
■漏れなく、重なりなく考えられる── 54
■論理の飛躍に気付ける── 55

発想を広げることができる── 56
■類推して連想する── 56
■構造を崩して発想を促す── 59

第4章

よりよいモデルを作るには？

イマイチなモデルに共通する4つの特徴── 64
よいモデルの特徴── 66

目的・視点を定めるときのポイント —— 68
- 自分の立場を確認する —— 68
- 何のためにモデル化するのかを一言で表してみる —— 69
- 目的・視点はモデルを作りながら定まっていく —— 69

必要な要素を過不足なく網羅するテクニック —— 70
- ひとつずつ要素を削除してみる —— 70
- 不足している要素は発散思考で探し出す —— 71

モデルの抽象度を調整する方法 —— 72
- 抽象化と具体化を理解する —— 72
- 抽象的・具体的になりすぎないようにする —— 74
- 他人に伝わるかで適切な抽象度か確認する —— 74

COLUMN 具体化と抽象化のトレーニング —— 75
具体化すると要素が増える —— 77
抽象化と「is a」の関係 —— 78

関係を適切に表現するコツ —— 80
- チェックポイント1：関係に抜け漏れはないか —— 80
- チェックポイント2：文章として成立するか —— 80

第5章
身近なもののモデルを作る

さるも木から落ちる —— 84
- 要素を書き出して関係を明らかにする —— 84

- 本質は抽象化したときに現れる── 85
- 目的を定めて再度挑戦── 85
- 「さる」も「木から落ちる」── 86
- 具体モデルと抽象モデル── 87
- 抽象モデルに別の具体例を当てはめてみる── 87

ついた餅より心持ち── 88
- 字面通りのモデル── 88
- 心持ちをモデルに組み込む── 89
- 抽象化して広く使えるモデルを作る── 90
- 抽象モデルを別の場面・文脈で具体化する── 91

コンコルドの誤り── 92
- コンコルドの誤りを抽象化する── 94
- コンコルドの誤りを身近な例で具体化する── 94

第6章
モデルを使い倒す方法

モデルベース思考の世界── 98
- 視点・目的とモデルの関係── 98
- 具体モデルと抽象モデルの関係── 100
- 抽象化と具体化── 102
- モデルと抽象度── 104

- COLUMN モデルと図解の関係── 106
- COLUMN 体験のモデル化によって暗黙知を形式知に変えられる！── 108

第 7 章
モデルをビジネスに活かす

他の業界からアイデアを持ってくる方法── 112
- 野菜をどのように並べるか── 112
- 八百屋をモデル化する── 113
- 他業界の事例に学ぶ── 114
- 他業界の事例を抽象化する── 115
- 他業界のモデルを具体化する── 116

ビジネスモデルを見抜き、応用する方法── 118
- 相席居酒屋を分析する── 118
- モデルの要素と関係を細かくチェック── 119
- 「相席」をモデル化する── 120
- 別の事例に応用する── 122
- 相席居酒屋からネットゲームビジネスを発想── 123

あとがき── 124
- モデルベース思考は幅広く使える── 125
- 仲間とともにモデルベースで思考する── 126
- お読みいただいたみなさまへのお礼── 126
- ご協力いただいた方々へのお礼── 127

第 1 章

モデルって
何だろう？

▶プログラマーはシンプルに考える

▶モデルとは型である

▶モデルベース思考におけるモデル

プログラマーは
シンプルに考える

Microsoftのビル・ゲイツ、Googleのラリー・ペイジとセルゲイ・ブリン、Facebookのマーク・ザッカーバーグなど、21世紀を代表する企業の頂点にはプログラマーがいます。なぜだと思いますか？

彼らの素晴らしい先見の明や経営能力が優れたサービスを生み出したというのは間違いないでしょう。

それだけでしょうか？ 実は、プログラマーというのはたいがいめんどうくさがりです。目的を達成するための最短経路を常に探しています。そして実際、それを上手に見つけ出します。地味に１時間かかる作業があれば、30分考えこんで５分で終わらせる迂回路を見つけ出す。そんなところがあります。

そんな彼らの頭の中は、いったいどのようになっているのでしょうか？ どのようにして効率的に作業できるようにしているのでしょうか？

プログラマーの頭の使いどころとして、アルゴリズムやデータ構造など高度なことはたくさんありますが、その根本は「無駄を省いて、ものごとをシンプルに考える」ところにあります。

では、ものごとをシンプルに考えるためにはどうすればよいでしょうか？ それには、モデルを使って考えるのです。本書を通じて、プログラマーたちがシンプルに考えるために使っているモデルをご紹介していきます。

モデルとは？

さて、モデルと聞くと、何を思い浮かべますか？

プラモデルやビジネスモデル、ファッションモデルなどでしょうか？　モデルを日本語訳すると模型です。なので、地球儀や人体模型もモデルです。

このようにモデルと言っても、実物を模倣したものであったり、ビジネスやファッションのお手本であったりとその意味は多岐にわたります。

ここで、さまざまな意味がある「モデル」という言葉を「複雑なものごとをシンプルに表現したもの」と表すことで、すっきり理解できます。

実物の特徴を捉えて模倣した模型、ビジネスやファッションの大事なところを取り出したビジネスモデルやファッションモデル。いずれも、複雑に入り組んだ現実の世界を、本質を損ねることなくシンプルに表現しています。そのおかげで、私たちにとって理解しやすいものになっています。

プログラマーたちもモデルを使います。いつ使うのでしょうか？

建築家が家を建てる前に設計図を描くように、プログラマーもプログラムを作る前に設計図を作ります。家がドア、柱、窓など色々な部品からできているように、プログラムも色々な部品から構成されています。

どのような部品を作り、どのように部品を連携させていくかを考えて、複雑な処理をするプログラムを無駄なくシンプルに設計します。そのときに使われるのがモデルなのです。

プログラマーが実際に使うモデルには複雑で難しいものもあります。ここでは、そのエッセンスを抽出して一般的に使えるようにした最強シンプル思考術「モデルベース思考」を紹介していきます。

まずはモデル一般に関する理解を深めた後、モデルベース思考におけるモデルについて学んでいきましょう。

第1章 モデルって何だろう？

モデルとは 型である

　ものごとをシンプルに表現したものがモデルだと先ほど紹介しましたが、ここで、少し違った角度からモデルを見てみましょう。

　ものごとをシンプルに表現するためには、複雑なものごとから本質を残したまま無駄なものをそぎ落としていくことになります。そして、その結果「型」が残ることになります。その「型」がモデルなのです。たとえば次に挙げるようなものです。

■序論・本論・結論

　小論文やレポートなど論理的な文章をモデル化すると、「序論・本論・結論」という型が見えてきます。テーマに関する説明と問題提起を行う序論があり、そのテーマについて根拠を示しつつ主張を論じる本論が続き、本論の主張をまとめる結論で締めくくられるというものです。

　このような型を身につけていれば、いきなり本論に入るのではなくまずは基本的な説明と問題提起をしよう、などと考えることができます。

序論：基本的な情報提示、問題提起

本論：根拠を示しながら主張

結論：主張の簡潔なまとめ

▌起承転結

「起承転結」というのも、文章の型として有名です。そしてこれは、論理的な文章というよりは、魅力的な物語の構造をシンプルに表現したものと言えます。

起承転結型の物語では、まず物語の舞台や登場人物を紹介する「起」があり、それを受けて物語が進行する「承」があります。そして、これまでの物語では想像できなかったような変化が起こる「転」があり、そこでの変化をまとめて物語を締めくくる「結」が続きます。

予想しなかった展開が起こる「転」で読者を物語にひきこみ、それを「結」でいかにうまく収束させるか、ここが書き手の腕の見せどころとなります。

起：物語の舞台や登場人物を紹介する

承：物語が進行する

転：想像できなかったような変化が起こる

結：変化をまとめて物語を締めくくる

「起承転結」の型

起：大阪本町 糸屋の娘

承：姉は十六 妹十四

転：諸国大名は 弓矢で殺す

結：糸屋の娘は 目で殺す

起承転結型の物語の例

■人体模型

「序論・本論・結論」や「起承転結」は、順序だったシンプルな型です。しかし、現実世界の複雑さを常に順序だった型に整理できるというわけではなく、もっと複雑なモデル（＝型）ももちろんあります。

　先ほど紹介した通り、モデルの日本語訳は模型であり、たとえば人体模型のような複雑なものもモデルの一種です。では、人体模型はどのようなものをシンプルに示す「型」となっているのでしょうか？　ここでは、骨格模型（ガイコツとも呼ばれる最も有名な人体模型）を例に考えてみましょう。

　骨格模型とまったく同じ大きさ・形の骨を持った人はいません。しかし、そこから大きく外れることもありません。頭蓋骨があり、首の骨、体の骨、手足の骨がありと同じ構造になっています。

　つまり、骨格模型というのは骨格に関する共通項を抽出してシンプルに表現した「型」なのです。

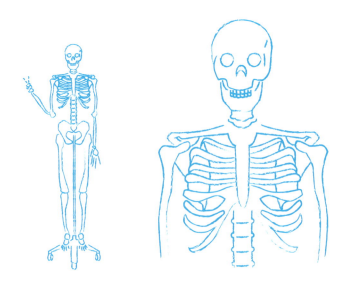

路線図

　路線図は分かりやすい図・イラストレーションであり、あまりモデルだというイメージを持ちにくいかもしれません。しかし、これもまた、現実を使いやすいシンプルな形にまとめ直したモデルと言えます。

　ここでは、使いやすい形にまとめ直したという点が重要です。東京の山手線の路線図は円周上に駅名が書き込まれています。でも、実際の地形は円ではなく縦に長い楕円、もっと言うと、下のほうがすぼまったニンジンのような形をしています。

　しかし、私たちが山手線を利用するとき、あのすぼまったところに行きたくないからここで降りようなど実際の地形を意識することはほとんどありません。たいていの場合、内回り・外回りどちらに乗ればよいか、あと何駅先で降りればよいかが分かれば問題ありません。路線図に具体的な地形を表現する必要はなく、円周上にどのような駅があるのかが分かれば十分なのです。つまり、路線図は、現実の地形という複雑なものは除いて、駅の配置を使いやすい形でシンプルに表現しているのです。

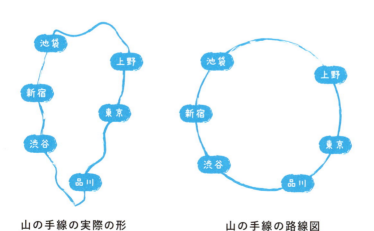

山の手線の実際の形　　　　山の手線の路線図

ビジネスモデル

　３Ｃ分析、バリューチェーン、ロジックツリーなどなど、ビジネスというのはたくさんのモデルが提案され、活用されている領域です。これらの多くは、ビジネスコンサルタントによって開発されてきました。それはおそらく、事業形態や詳細は違えど、利益を生み出すために必要となる考え方など、ビジネスの何らかの側面のそれぞれについて共通の型があるからでしょう。

　詳しくは後ほど紹介しますが、ビジネスモデルという形で抽象化した型を作っておいて、そこに興味関心のある事業を具体的に当てはめていくことでビジネスのヒントを得ることができます。

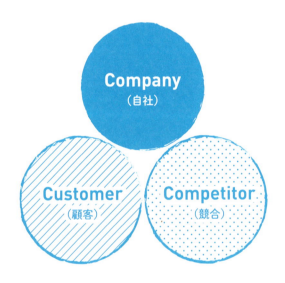

3C分析：企業の戦略を決めるときのフレームワークで、自社、顧客、競合という観点から市場を分析する

モデルベース思考における モデル

　モデルとは「ものごとをシンプルに表現したもの」と単純に言うと、これまでに紹介した、序論・本論・結論や起承転結という文章の型、人体模型、路線図、ビジネスモデル、すべてがモデルとなってしまいます。

　そうすると、モデルの表現が多すぎて、結局何がモデルか分からなくなってしまいます。

　モデルベース思考では究極にものごとをシンプルに表現します。そうすることで、すべてのものが同じように表現できるようになります。そしてその表現をモデルと呼ぶことにします。

　モデルベース思考では、四角（要素）と線（関係）だけを使ってものごとを表現します。序論・本論・結論や起承転結は四角と線で表せそうですが、人体模型、路線図、ビジネスモデルはどのように表していくのでしょうか？　そして、そのように表現することでどのようなメリットがあるのでしょうか？

　次章以降で、それを学んでいきましょう。

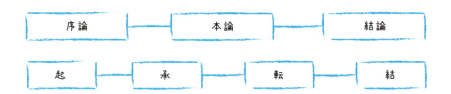

第1章 モデルって何だろう？

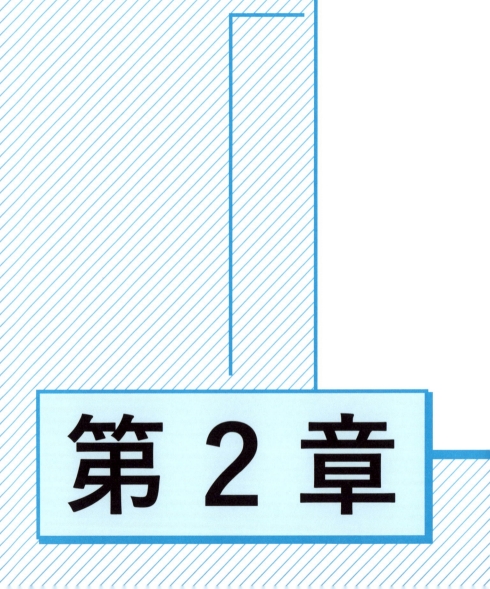

第 2 章

モデルの
作り方

- ▶ものごとをシンプルにしていく
- ▶モデルの基本構造とは？
- ▶目的を明確にし、視点を定める
- ▶要素を書き出す
- ▶関係を明らかにする
- ▶配置を整える

ものごとを シンプルにしていく

　名画家ピカソの名前を知らない人はいないでしょう。ピカソは生涯で10万点以上の作品を残した芸術の天才です。

　その数ある作品の中、絵画「雄牛」をご存知でしょうか？　その作品は、牛らしさを損なわずどこまで単純化できるかを追求した絵画です。最終的には簡単な線での表現になっており、どの線が欠けても牛らしさが失われてしまうという点で、究極にシンプルな牛の表現と言えます。

　これはまさにモデルを作る過程と同じです。モデル作りにおいても、できるだけ無駄なものを減らし、ものごとの本質を浮き彫りにしていきます。

PABLO PICASSO
"The Bull, state III" December 12, 1945, Lithograph,
Museum of Modern Art (MoMA) – New York
©2016 – Succession Pablo Picasso – SPDA (JAPAN)
©Digital image, The Museum of Modern Art, New York/
Scala, Florence /amanaimages/amanaimages

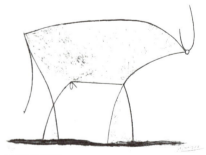

PABLO PICASSO
"The Bull, state XIV" January 17, 1946, Lithograph,
Museum of Modern Art (MoMA) – New York
©2016 – Succession Pablo Picasso – SPDA(JAPAN)
©Digital image, The Museum of Modern Art, New York/
Scala, Florence /amanaimages/amanaimages

モデルを作るとは考えること

　絵画「雄牛」にも見られるように、ピカソは最初から究極にシンプルになった雄牛を描き上げたわけではありません。何度もスケッチを描き直すことで、牛の何が本質かを見出していったのです。つまり、考えるためにスケッチを描き、スケッチを描くことで考えていたのです。

　モデルを作る場合も同じことが言えます。つまり、考えるためにモデルを作り、モデルを作ることで考えを深めていくことができるのです。

　頭の中で考えるだけでは行き詰まってしまうことが多々あります。そんなとき、考えていることを外に出すことで新たな気付きが得られます。

　最初から素晴らしいモデルが作れるわけではありません。まずは考えていることをモデルとして頭の外に出してみて、それを見てまた考えることが大事なのです。

画才がなくても大丈夫

　考えていることを頭の外に出して、それをもとにさらに考えることは、対象物に対する興味や疑問を呼び覚まし、理解を深めることにつながる素晴らしい方法です。

　しかし、ピカソのようにスケッチを行いながら考えていく力を身につけるとなると、絵画の基本を一から学ぶ必要があり非現実的です。

　モデルベース思考では、ものごとを四角（要素）と線（関係）で表現していくのでした。これならできそうな気がしませんか？

　そして、驚くべきことに、四角（要素）と線（関係）だけであらゆるものに関するモデルを作ることができてしまいます。

　それでは、そのモデルベース思考の中身を見ていきましょう。

第2章 モデルの作り方

モデルの
基本構造とは？

■モデルは「要素と要素の関係」を示したもの

　プログラマーが複雑なプログラムの処理をひとつひとつの部品に分解していくように、複雑なものごとをシンプルな要素に分解していくのがモデルベース思考です。そして、その究極にシンプルな分解の方法は、ものごとを四角（要素）と線（関係）で表現することです。

　ピカソのような画才がなくても、四角（要素）と線（関係）を描くことならできるはずです。そしてあらゆるものは四角（要素）と線（関係）を用いたモデルで表現することができてしまいます。

　なぜだと思いますか？

　モデルというのは「複雑なものごとをシンプルに表現したもの」でした。では、どのようにすれば複雑に入り組んだ現実や実物をときほぐすことができるでしょうか？

　そのために必要なことは「要素と要素の関係」を明らかにしていくことです。「分かることは分けること」とよく言われますが、私たちは複雑なものごとをありのまま理解するのが得意ではありません。複雑なものを構成するより単純な要素に分解し、要素同士の関係を明らかにすることでようやく複雑なものごとを理解することができるのです。

なにごとも突き詰めれば四角と線

　序論・本論・結論や起承転結といった文章の型は簡単に四角と線で表せました。しかし、人体模型や路線図はどうでしょうか？

　実は、それらも四角と線で表現することができます。人体模型はたとえば「頭蓋骨」「首の骨」「体の骨」「手の骨」「足の骨」などと四角と線で表せます。もっと詳細に「頭蓋骨」「頚椎」「胸椎」「肋骨」などと表現することもできます。また、路線図は、駅名を四角にして隣接する駅同士を線で結んでしまえば、四角と線で表現できます。

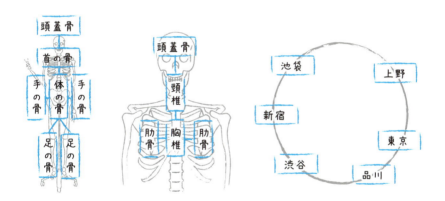

　ここで、人体模型のモデルでは骨の形状や大きさなどの情報はなくなっていることに注意してください。そのため、情報が欠けているじゃないかと言われればその通りなのですが、これぐらいシンプルに表現することで色々なメリットが出てきます。メリットの紹介の前に、モデルの作り方を知ることを通して、まずは四角と線のモデルに慣れてもらいたいと思います。

目的を明確にし、視点を定める

　では、実際に四角と線を使ってどのようにモデルを作っていくかを紹介していきましょう。いざモデル作成というときにまず重要となるのが、目的・視点を明確にすることです。

　売上データを分析するときに、商品ごとの売上を集計するのと、取引先ごとの売上を集計するのとでは、それぞれ違った結果が出てくるはずです。その違いが生まれたのは「死に筋商品が増えてきている気がするから、商品ごとの売上を確認したい」「大口顧客の売上が下がってきている気がするから、取引先ごとの売上を知りたい」など、分析者が異なる目的を持っていたためです。そして、その目的を達成するために、売上を商品別もしくは取引先別というそれぞれの切り口・視点で分析しているのです。つまり、分析する目的によって視点が変わってくるということです。

　モデル化の場合もこれとまったく同様で、どのような目的を持ってどのような切り口・視点で現実の世界を見ていくかをあらかじめ定めていくことが重要となります。

■目的・視点を変えて書籍をモデル化する

　試しに、目的や視点を変え、本のモデルを考えていきましょう。たとえば次のような目的・視点が考えられるでしょう。

MODEL 1 書籍の物理的な構造に着目したモデル

　書籍の物理的な構造を伝えたいという目的があるときは、物理的な構造に着目する視点で書籍をモデル化します。そうすると、書籍には外側からカバー、表紙、本文という順番でそれぞれ異なる用紙が使われていることに気付くでしょう。

　そこで、「カバー」「表紙」「本文」と要素を作り、線でつなげます。

MODEL 2 書籍に書かれている文章の論理的な構造に着目したモデル

　書籍の内容を伝えたいという目的があるときは、構成に着目する視点でモデル化していきます。

　そうすると、今度はタイトル、目次、物語、あとがきといった順番で書籍が構成されていることに気付くはずです。

　そこで、それらの要素を作り、線でつないでいきます。

　このように、同じ書籍を対象としながらも、目的が変われば視点が変わり、ものの見え方が変わってきます。そして、作られるモデルもまた、別のものとなります。

　つまり、あるものごとに関するモデルは、ただひとつに決まるわけではなく、目的や視点によって変わるということです。

要素を書き出す

　複雑なものごとはたくさんの要素から構成されています。モデル化は、要素をすべて書き出してしまうところから始めるのが王道です。

　発想思考のプロセスは「広げる」「絞る」の繰り返しだと言われています。モデルの詳細を詰めていくときには、深掘りしてさらに広げたり今回の目的には合わないものを除いて大胆に絞ったりしていきますが、最初の段階ではとにかく書き出してしまいます。

■重要なものを要素にする

　そうは言っても、本当に何から何まですべてを書き出していけばいいということではありません。路線図を作りたいとき駅は必須の要素ですが、電車の色は必須の要素とは言えません。複雑なものごとを構成する「重要な要素」をすべて書き出すことが求められるのです。

　ただし、何が重要であるかはモデル化の目的・視点によって変わってきます。たしかに多くの場合、電車の色はあまり重要な要素になりません。しかし、東京や大阪など地下鉄網が発達したエリアでは、何色の電車に乗ればよいのかを路線の色と一致させることでより分かりやすい路線図を作ることができます。そのため、目的・視点をふまえて、何が重要かを考えながら要素を書き出していきます。

要素は名詞で書く

どのようなものでも要素にしていいかというと、そうではありません。**要素は原則として、名詞とするべき**です。そうすることで、よりあいまいさの少ないモデルを作れるようになります。

たとえば、「売上を高くするためには、新製品を投入する必要がある」という簡単な事例で、次のようなモデルを作ったとします。

この場合、モデルを見たときに、経営者か誰かが「売上を高くしたいから新製品を投入しようと考えた」とも読めますし、「新製品を投入すれば売上が高くなる」とも読めます。売上を高くしたいという経営者の願望に着目しているのか、売上が高くなるという事実に着目しているのか、これだけでは読み取れません。

そのようなあいまいさを避けるために、「売上を高く」ではなく「売上の増加」「売上を高くしたいという経営者の願望」など、多少長くなったとしても名詞で表現することをおすすめします。

モデルというのはものごとをシンプルに表現するものであるがゆえに、ときとしてあいまいさが残り、伝わりにくいものになってしまいます。要素が複数あるときはなおさらです。

要素を名詞にするように心がけると、自分が伝えたいこととモデルでの表現が一致しやすくなります。

第2章 モデルの作り方

■「売上高と 5 つの利益」から要素を抜き出す

　具体的に、下の文章をもとに、財務諸表の損益計算書に登場する売上高と 5 つの利益のモデルを作ってみましょう。

　重要な名詞を要素として抜き出していけば大丈夫です。ざっと（完全ではありませんが）右のような要素が抜き出せるのではないでしょうか？

売上高と 5 つの利益

　売上高とは、本業を軸に、業務での収入すべてを合計したものです。売上高は、その会社の事業規模を表します。

　売上総利益とは、売上高から、売上原価（製品の製造コストや仕入れコスト）を差し引いた大雑把な利益のことです。

　営業利益とは、売上総利益から販管費と呼ばれる、広告費などの販売費や本社の経営管理のための光熱費などの一般管理費を差し引いた額です。いわゆる本業の利益がこれに当たります。

　経常利益とは、営業利益に、投資活動など本業以外の活動で得られる利益（営業外収益）や損失（営業外費用）を加減した額です。つまりこれは、本業かどうかに関わらない会社の事業全体の利益に当たります。

　税引前当期純利益とは、経常利益に対して、本来の企業の活動ではない土地の売却益（特別利益）や退職金支払（特別損失）など臨時的に発生した利益や損失を加減した利益です。

　当期純利益とは、税引前当期純利益から、税金を支払った残りのことを言います。いわゆる純利益がこれに当たります。

売上高　　　売上総利益　　　売上原価　　　製造コスト

人件費　　　営業利益　　　販管費

広告費（販売費）　　　光熱費など（一般管理費）　　　経常利益

営業外収益　　　投資活動による利益　　　投資活動による損失

税引前当期純利益　　　土地の売却益　　　特別利益

退職金支払　　　特別損失　　　当期純利益

税金　　　営業利益

第2章 モデルの作り方

関係を
明らかにする

　要素を書き出したら、次はその要素間の関係を見つけていきます。要素を四角で囲い、関係を線で結ぶ。たったこれだけのことで複雑なものごとが整理できてしまいます。

　要素と要素をつなぐというのは、簡単なようでいて案外難しい面もあります。ポイントとしては、要素と要素の関係性をしっかりと考えること、その関係を四角と線をうまく使って表現することです。

■要素と要素の関係をひとつひとつ見ていく

　最初から全体像を把握するのは難しいので、ひとつひとつていねいに見ていきましょう。複雑なものごとも、要素と要素の関係をていねいに見ていくことで整理整頓できるようになります。

　まずは売上高と事業規模の関係です。売上高はその会社の事業規模を表していました。これだけであれば簡単に関係を整理できますね。

　このようにして、ひとつひとつの関係をていねいに見ていくのです。

要素と要素の関係を考え続ける

それでは、他のキーワードも見てみましょう。

売上高と売上総利益の関係はどうなっているでしょうか？ 先ほどの説明文を読み解いてみると、売上高から売上原価を引くと売上総利益になるということのようです。その関係は、後々のことを考えて少し変則的な表記になりますが、次のように表せます。

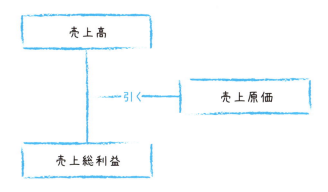

また、売上原価の例としては、製造や仕入れコストがあるということも書かれていました。

このように、要素の関係をひとつひとつ見ていくと、売上総利益から販管費を引けば営業利益になり、営業利益に営業外収益を足して営業外費用を引けば経常利益になるといった関係性が分かってきます。

第2章 モデルの作り方

配置を整える

モデル化においては、何を要素として抜き出すか、それらの間の関係をどのように表現するかが最も重要ですが、それと同じぐらい大事なのがその見た目、すなわち配置です。

見た目を整えると言われると、ピカソのような画才が求められるように感じるかもしれませんが、もっと**ロジカルに、ルールに従って並べていけばよい**のでご安心ください。

■同じグループの要素は揃えて配置する

多くの場合、書き出した要素はいくつかのグループに分けることができます。たとえば今回の例の場合「売上総利益」「営業利益」「経常利益」「税引前当期純利益」「当期純利益」は利益という点で同じグループです。

それらの利益を説明するために用いられている「事業規模」「大雑把な利益」「本業の利益」なども同じグループと言えるでしょう。

また「売上原価」「販管費」「営業外収益」や「営業外費用」なども利益を計算するときに足し引きされるという点で同じグループです。

これらは揃えて配置する、つまり、縦でも横でも揃えて並べることで見た目が整ってきます。こうすることで、モデルの理解しやすさが向上します。

▍左から右、上から下に読めるように配置する

　マーケティングの分野で「Zの法則」として知られる法則があります。雑誌の紙面作りやWEBサイト制作、商品の陳列においてよく使われる、人の視線はZの字を描くように流れるという法則です。

　モデル化においてこれを応用すると、要素は左から右へ、上から下へという順番で読まれる傾向にあるということになります。したがって、できるだけその自然な流れに沿った要素の配置にすることで読み取りやすいモデルにすることができます。

　売上高と事業規模の関係を、左から右、右から左、上から下、下から上の4通りで表してみると、どうでしょうか？

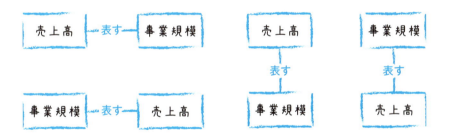

　一目瞭然ですね。左から右、上から下に配置した場合は、意図した通り、売上高が事業規模を表すと読むことができます。しかし、右から左、下から上に配置した場合は意味が逆になり、混乱を招いてしまいます。

　このように、同じ要素や関係であっても、配置を変えるだけで印象が異なってきます。そのため、モデルがしっくりこないときは、要素や関係のみならず、配置を気にしてみるとよいでしょう。

　最後に、これまでのことをふまえて作成したモデルをご紹介しましょう。

売上高と5つの利益のモデル

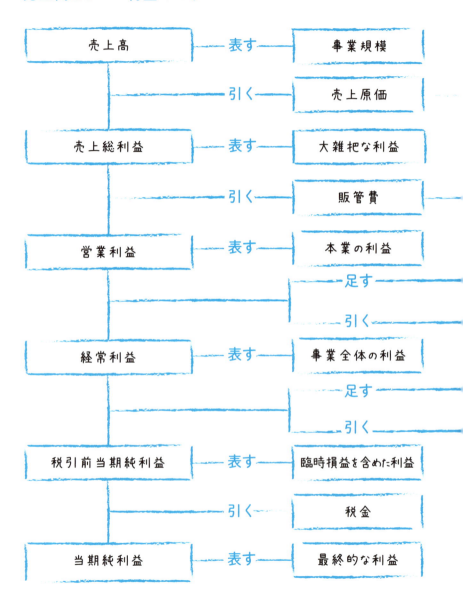

| | | たとえば | | 製造や仕入れコスト |

| | | たとえば | 広告費（販売費） |
| | | | 光熱費など（一般管理費） |

| 営業外収益 | たとえば | 投資活動による利益 |
| 営業外費用 | たとえば | 投資活動による損失 |

| 特別利益 | たとえば | 土地の売却益 |
| 特別損失 | たとえば | 退職金支払 |

第2章 モデルの作り方

COLUMN

UMLとモデルベース思考

　四角と線に基づいたモデルは、複雑なプログラムの世界でも活躍しています。プログラムを作る流れとしてどのようなものをイメージするでしょうか？　プログラマーが、パソコンの画面に向かって複雑で難解な記号や文章を打つイメージでしょうか。

　たしかに、ひたすらプログラムのコード（命令文）を書く時間もあります。しかし、よいプログラマーはいきなりプログラムを書くことはしません。まずは、どのような処理をコンピューターにしてもらうのかを考えるのです。

　たとえば、建物を作るときにいきなり工事を始めることはありませんね。まずは、どのような建物にするか設計するはずです。そのように、プログラムを作る前にもコンピューターにどのような処理をしてもらうかを設計します。

　建築家には、設計図というどのような建物を作りたいかを伝えることができるものがあります。それと同じように、プログラムにも設計図があります。その設計図を描くためにプログラマーが使うのが、UML（Unified Modeling Language: 統一モデリング言語）と呼ばれるものです。

　UML には、目的に応じたさまざまな種類の設計図がありますが、クラス図という設計図が幅広く使われています。クラス図は、プログラムをどのような部品構成で作っていくかを四角と線、つまりモデルで表現する設計図です。

　そのクラス図の考え方のエッセンスを抽出して、プログラマーでない人にも広く使ってもらおうと開発されたのがモデルベース思考です。

COLUMN

四角と線だけだと味気ない！？

　四角と線のモデルは見た目として少し味気なく感じてしまう方もいるでしょう。もっと視覚的に訴えかける魅力的な図で表現したほうがよいのではないかと考える方もいるかもしれません。ここでは、魅力的な図とモデルの関係についてお伝えしましょう。

　ソフトウェアの世界では三層アーキテクチャと呼ばれるプログラム設計の考え方があります。三層は、データそのものを扱うデータ層、そのデータをどう処理すればよいかを考えるロジック層、処理の結果を視覚的に表現するプレゼンテーション層に分けられます。

　発表（一般のプレゼンテーション）という文脈でたとえると、発表内容がデータ層、内容をどう伝わりやすく構成するかがロジック層、その内容や構成をどう視覚的に表現するかがプレゼンテーション層となります。これはつまり、内容や構成がよくなければ、見た目をどのように工夫してもよい発表にはならないということです。

　モデルは内容や構成、図は見た目に対応します。モデル（内容や構成）が定まっていないのに、よい図（見た目）は描けないということです。うまい図が描けないとお悩みの方は、見た目を考える前に内容や構成を見直してみるとよいでしょう。

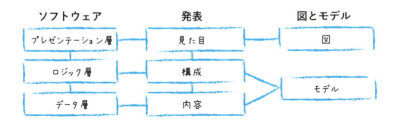

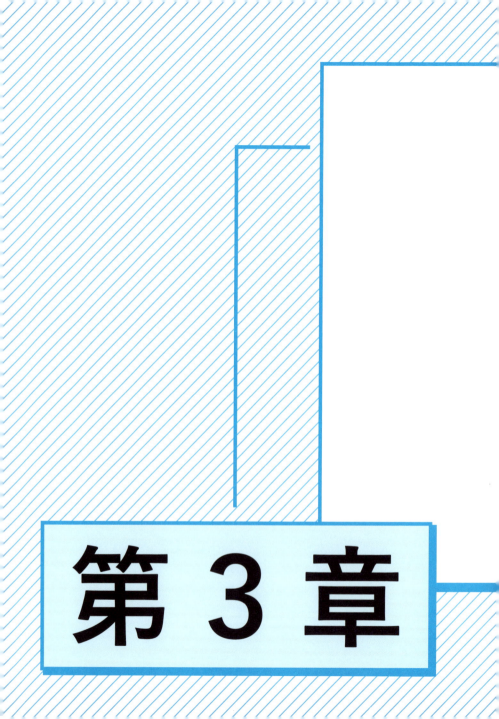

モデルを使うメリット

▶ モデルにはメリットがたくさん
▶ 図解化のメリットを受けられる
▶ 全体像をつかむことができる
▶ 論理的に考えることができる
▶ 発想を広げることができる

モデルには
メリットがたくさん

　四角と線で表現されるモデルを作ったり、モデルを使って考えたりすることのメリットはどこにあるのでしょうか?

　モデルを作る・使うメリットは次のようなものがあります。

[モデルがあることのメリット]

1. 図解化のメリットを受けられる
2. 全体像をつかむことができる
3. 論理的に考えることができる
4. 発想を広げることができる

　モデルはものごとを四角と線で表すことから、図解化のメリットをそのまま受けられます。

　また、モデルは、複雑なものごとから贅肉を落として本質だけを残したものであることから、ものごとの全体像を押さえられるようになります。

　そして、モデルを作り、それを確認することで、抜け漏れや論理の飛躍に気付くことができます。

　さらに、できあがったモデルに新たな事例を当てはめてみたり、少しだけ構造を壊したりすることで発想を広げられるようになります。

また、その他にも色々なメリットがあります。ここで簡単にご紹介します。

情報のアウトプットが促される

情報を見たり読んだりするだけでなく、手を動かして「描く」ことで、ただ読んだだけの情報が「体験したこと」となり、記憶として脳に長く残るようになります。私たちは、学生時代の受験勉強に始まり、ビジネスにおいても日々大量の情報をインプットすることばかりで、アウトプットの機会が圧倒的に少なくなっています。

モデル化することでいつでも簡単にアウトプットすることができ、情報を理解しながら身につけることができます。

対象についての理解が深まる

本の物理的な構造に着目したモデルを再度考えてみましょう。

先ほどは、「カバー」「表紙」「本文」という要素が出ていました。これで本の構造をすべて表せているでしょうか？ 本を「物理的な構造」という観点からじっくり見てみましょう。試しに、本書の表紙をめくってみてください。

何がありましたか？ タイトルの書かれた紙がいきなり登場するのではなく、少し厚手の何も書かれていない紙がありましたね。これは本を補強する「見返し」と呼ばれる紙で、たいていの本についているものです。

本の物理的な構造をモデルで表現しようと、物理的な構造に着目して本を観察することで、新たな発見が得られました。

このように、モデルを作ることで、その対象について調べたり考えたりするようになります。そして、モデルを作ることで対象への理解が深まっていきます。

第3章 モデルを使うメリット

図解化の
メリットを受けられる

まず、ものごとを図解化すること自体に優れたメリットがあります。

図解化のメリット 1 　情報をすばやく人に伝えることができる

　営業社員の成績がグラフで貼り出される光景がありますが、これは図の「一瞬で伝える力」を利用したものです。他にもプレゼン資料や、統計資料など、図の伝える力が利用されている場面は多々あります。数字や文章だけでは伝わりづらい情報が図解化することによって一瞬で伝わるというのはよくあることで、これを活用しない手はありません。

図解化のメリット 2 　情報を整理することができる

　たとえば、会社で発生するコストを部署ごとにまとめたい場合、数字の羅列ではなく円グラフを用いることで、数字だけでは分かりにくかったコスト割合の情報まで整理することができます。

　また3つの製品について3つの指標で評価をしたい場合は、マトリックス表を使うことで、それぞれを文字情報の箇条書きにしたときよりも、すっきりと分かりやすく情報を整理することができます。

　数字の羅列や文章での表現では情報が連続して直線上に並ぶことになりますが、図を用いると平面上に並べることができます。このことが、図解によって情報が整理できる理由のひとつです。

全体像を
つかむことができる

　モデルを作ることで、全体像をつかむことができるようになります。なぜそのようなことが可能となるのでしょうか？　それは、私たちが、情報をすべて提示されると、その情報量に圧倒されて何が重要かは分からなくなってしまうことと関係しています。

　数年ほど前、ビッグデータを分析して新奇性のあるインサイトを見つけ出すというビジネスが盛り上がっていました。日々ものすごい勢いで生成されるデータをただ見せられたところで、何に着目すればよいか分からないため、そこから新たな知見を引き出すのは困難です。だからこそ、合計したり平均値や中央値といった統計量を計算したり、統計から外れた異常値を分析したりして、データをシンプルな形に表現し直してから提示することでインサイトを示すのです。

　身近な例としては、レシートの束をそのまま見るのではなく、項目ごとに家計簿につけて集計することで支出をチェックするなどがあります。

　文章を要約するというのも同じように考えることができます。私たちには、一冊の本をまるまる暗記することなどできません。そこで、自分にとって大事なところに線を引いたりメモしたりして、大事なところを忘れないようにするのです。

　無駄な情報をそぎ落としものごとをシンプルに表現すること、すなわちモデルを作ることが、全体像を理解し、俯瞰することにつながるのです。

第3章 モデルを使うメリット

モデルは要素とその関係を視覚的に示す

　モデルは「要素と要素の関係」を示すものですが、それを示すことはもちろん文章にも可能です。

　しかも、文章のほうが情報を多く出せるため、「要素と要素の関係」をより詳しく示すことができます。一方で、情報をさっと俯瞰するという点ではモデルのほうが優れています。

「知的財産権」についての文章とモデルを見比べてみると、全体像をつかもうとするときにモデルがいかに役立つかが分かるでしょう。

知的財産権

　知的財産権とは、知的創造活動によって生み出されたものに発生する権利です。

　その中で最も有名な権利は著作権でしょう。著作権とは「文芸、学術、美術又は音楽の範囲」に属し、思想又は感情を創作的に表現したものに対して発生する権利です。

　また、その他にも、大発明を保護する特許権、小発明を保護する実用新案権、外見的なデザインを保護する意匠権、商品の名称やロゴを保護する商標権、植物の新種を保護する育成者権などがあります。

　特許権、実用新案権、意匠権、商標権をまとめて産業財産権と呼びます。

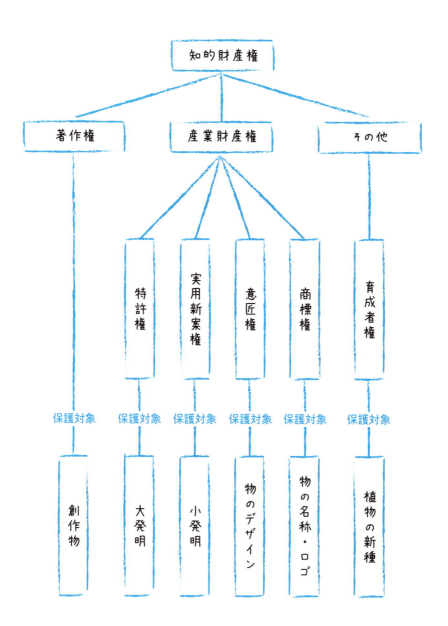

■モデルは時間変化する現象も表現できる

　モデル化というのは、重要な要素を抜き出してその関係性を明らかにしていく作業です。ここまでに示してきたモデルの多くは、知的財産権のような動きのない静的な構造を表していて、時間とともに変化する動的な現象に関しては表現されていませんでした。

　動きのない静的な構造を表現するというだけでも十分強力なのですが、時間変化する動的な現象も表現できるのもモデルの大きな特徴です。

　チューリップ・バブルの説明とモデルを見てみましょう。チューリップの価格が高騰し、急落する過程の全体がモデルで表現できています。

　チューリップ・バブルというのは、1637年に起こった世界で初めてのバブルです。チューリップの球根が投資の対象となり、価格が高騰しました。

　たとえば、珍しい球根は平均年収の10〜14倍、現在の日本の平均年収で算出すると5000万円前後もの高額で取り引きされていたと言われています。しかし、あるとき突然価格が急落しました。つまり、バブルがはじけたのです。

　諸説ありますが、チューリップ・バブルの最大の要因は、一般市民がチューリップの取引に参加したことだと言われています。一般市民の参加によって、お金儲けをしたい人が連鎖的・爆発的に増え、チューリップの価格が急上昇したのです。

　やがて、その高すぎる市場価格のために買い手が減少。高すぎる価格に不安感を覚えていた人々がどんどんチューリップを売り始めます。そして価格は暴落しました。こうして、価格が100分の1にまで下がるバブル崩壊にいたったのです。

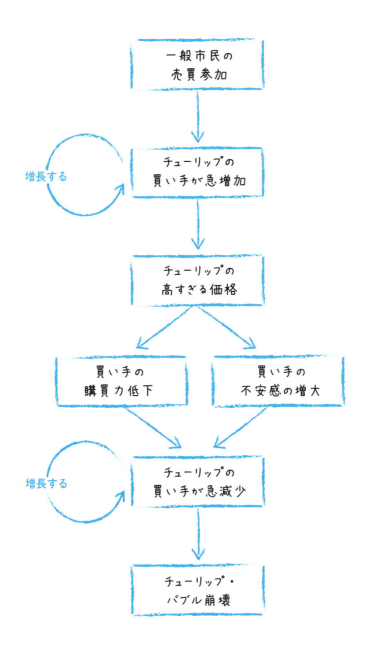

論理的に考える
ことができる

　モデルを見ることで、複雑なものごとの全体像を捉えることができます。逆に言うと、モデルを見て全体像がつかめなかったり、要素と要素の関係が把握できなかったら、そこには抜け漏れや論理の飛躍があるということです。

　こういったことに気付けるのも、「要素と要素の関係」を一目で把握できるモデルの特徴と言えます。

■漏れなく、重なりなく考えられる

　ものごとを考えるとき、漏れがあったり、重なりがあったりすると、すっきりと整理されません。モデルを作ると、「漏れなく、重なりなく（MECE: Mutually Exclusive, Collectively Exhaustive）」ものごとが整理されているかを確認しやすくなります。

　たとえば、ある商品のターゲットを考えるとき、「親」と「女性」という要素が出てきたとしましょう。それらに抜けや重なりはありませんか？ 両方ありますね。親かつ女性、つまり、母親はふたつの要素の重なりですし、親ではない男性は抜けている要素です。

　MECEであるかを確認することで、欠けている要素に気付いたり、他と重複しているために削ってもよい要素に気付いたりすることができます。

■論理の飛躍に気付ける

「原油価格が上がると渋滞が減る」「気温が上がるとジュースが売れる」などというフレーズを聞くと、私たちは「そうだよね」と納得してしまいます。

ここでは、「原油価格が上がると渋滞が減る」という表現について考えてみましょう。これをモデル化すると、次のようになります。

これをよくよく考えてみましょう。原油価格が上がると、それが直接的に渋滞の減少につながるでしょうか？　そうではないですね。原油価格が上がると、ガソリン代が高くなり、それによって車の利用が減るから渋滞が減るわけです。

このように、要素と要素に直接的な関係があるかを考えていくことによって、論理の飛躍に気付くことができるようになります。

そして、その飛躍に気付くことによって、それまでの考えから抜けていた要素や関係が見つかってくることもあります。

発想を
広げることができる

モデルは新しいことを発想するときにも有効です。

発想はひらめくもの、つまり、どこかからぽんと降ってくるもののように感じられるかもしれません。たしかにそのように発想することもあります。しかし、ここでお伝えしたいのは、**発想というのはひらめくだけではなく、考えつけるもの**だということです。発想を考えつく方法は、大きくふたつあります。類推を用いる方法と、構造を崩す方法です。

■類推して連想する

とにかくアイデアを出すブレインストーミングのようなやり方を「自由連想法」と言います。それに対し、他の事例で得られた知見や型を当てはめることでアイデアを絞り出す方法を「強制連想法」と言います。

こちらは、自分の分野で疑問点や問題点がある場合、その状況に似ていそうな他の分野の知見を応用することで発想を得る方法です。

強制されてしまうと自由なアイデアが出ないように感じるかもしれません。しかし、強制連想法は考えを膨らませるきっかけを提供してくれるため、実際はアイデアが広がることも多く非常に有効です（有名なものとしてはたとえば、オズボーンのチェックリストなどがあります）。

【プリンターのビジネスモデル】

　モデルを使った強制連想は、次のように行います。

　プリンターのビジネスモデルを思い出してみましょう。プリンターを新たに買うときは、あまりお金がかかりません。

　しかし、補充用のインクの価格は本体と同じくらいだったりします。プリンター本体を販売するときは赤字覚悟の値段で販売し、インク代で儲けるビジネスになっています。つまり、プリンター本体一回の購入ではなく、インクを何回も購入してもらうことで利益をとるようにしているのです。このビジネスを四角と線を使ったモデルで表現すると次のようになります。

　ここで、複数購入してもらうことを複数の四角で表現しています。

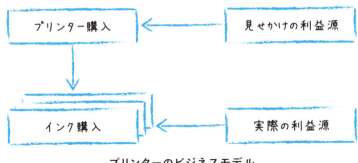

プリンターのビジネスモデル

【カミソリのビジネスモデル】

　実は、カミソリも同じビジネスモデルでできています。本体はある程度安く買ってもらって、付け替え刃を買ってもらうことで利益を出す仕組みになっているのです。

　そもそも、ジレット社によるこちらがこのビジネスモデルの元祖だと言われています。そしてこのビジネスモデルは今や、家庭用ゲーム機やコーヒーマシン、携帯電話などで採用されています。

第3章 モデルを使うメリット

【プリンター・カミソリのビジネスモデルをもとに強制連想】

なぜこのビジネスモデルが広く応用されているかを考えてみましょう。このモデルの肝は要するに、「初期費用で稼ぐのではなく、維持費で稼ぐものを作る」ということです。

そのような視点から眺めると、家庭用ゲーム機やコーヒーマシンは一度しか買いませんが、ゲームソフトやコーヒーの粉は何度も買うことに気付きます。また、携帯電話の購入も一度だけですが、通信料は毎月発生します。

初期費用に何かを当てはめてその維持費が何かを考える、反対に、維持費を適当に当てはめてみてそれの初期費用が何かを考える。このように「型にはめて」考えることで、自由連想法では思いつかなかったような新しいビジネスが見つかる可能性があります。

たとえば、初期費用をUSBメモリの購入としてみましょう。すると、どのような維持費が考えられるでしょうか。ひとつのアイデアとして、USBメモリに入っているデータをオンラインからもアクセスできるようにして、その機能を使うためには月200円程度の維持費がかかる、といったアイデアを発想することができます。このように、モデルに当てはめて強制連想することで色々とアイデアが生まれます。

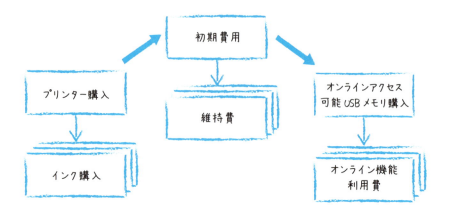

■構造を崩して発想を促す

次に紹介するのは、モデルに何かを当てはめるのではなく、既存の構造を崩すことで新しい発想を得る方法です。この方法を使って、家庭用ゲーム機の常識を覆した任天堂Wiiの戦略を振り返ってみましょう。

【家庭用ゲーム機の常識をモデル化する】

家庭用ゲーム機は子供や若者を対象にした、指で操作するコントローラーが備わったマシンというのがWii以前の常識でした。ゲーム機の違いは、主にその処理能力の差、つまり、いかにより多くの情報を高速に処理できるかによって決まっていました。また、ソフトの違いは、子供や若者をどれだけ楽しませるかというところでほとんど勝負していました。

本体の性能とソフトの内容が差別化要因となり、そのゲーム機の流行り廃りを左右していたのです。

家庭用ゲーム機の差別化要因

【ブルー・オーシャン戦略】

「ブルー・オーシャン戦略」という言葉があります。これは、競争が激しく血で血を洗うレッド・オーシャンで戦うのではなく、競争のない新規市場であるブルー・オーシャンを切り開くべきだという経営戦略論です。

第3章 モデルを使うメリット

【要素を変える】

　さて、どうやってブルー・オーシャンを見つければよいのでしょうか？それは、差別化要因ではなく、当たり前のように考えていた前提条件に着目してみることで見えてきます。

　家庭用ゲーム機の前提条件には、「コントローラーは指を使って操作する」と「ターゲットは子供と若者である」というふたつあります。

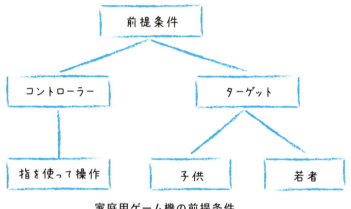

家庭用ゲーム機の前提条件

　ブルー・オーシャンを切り開くべく、前提条件を崩してみましょう。

　要素を削除する・追加する、関係を削除する・追加するなど、モデルを変える方法はいくつかありますが、まずはコントローラーという要素を崩してみましょう。

　試しに、指を使って操作するというのを足で操作すると置き換えてみます。すると、たとえば、ダンスのステップをゲームに取り入れることができるようになります。実際Wiiは、この部分を体を使って操作すると置き換えることで、腕を振ってテニスやボクシングができるようにしています。

【要素を追加する】

　今度は、もうひとつの前提条件であるターゲットを崩してみましょう。要素を削除することでもモデルを崩すことになりますが、今回は新たなターゲットを見つける必要があるので、要素を追加してみることにします。子供や若者以外をターゲットにするとなると、お母さんやお父さん、そして、おそらくゲームとは縁がなかっただろうおばあちゃんやおじいちゃんといった家族を追加するのはどうでしょうか。

　そうすると、体を使って操作するという新しいコントローラーを備えた、ファミリーという新たなターゲットを持つWiiが生まれましたね。

　このように、構造を崩すことでも新たな発想を考えつくのです。

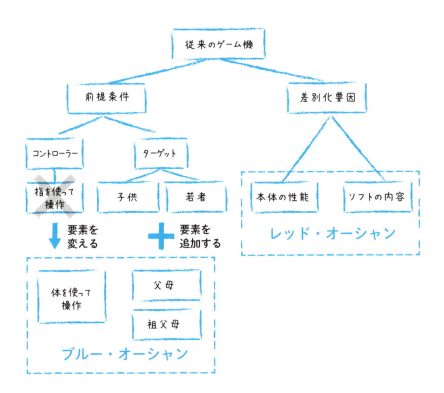

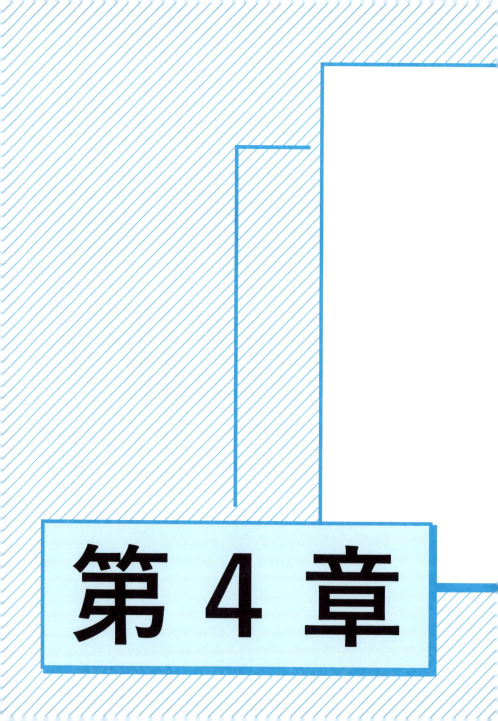

よりよい
モデルを
作るには？

▶ イマイチなモデルに共通する4つの特徴

▶ よいモデルの特徴

▶ 目的・視点を定めるときのポイント

▶ 必要な要素を過不足なく網羅するテクニック

▶ モデルの抽象度を調整する方法

▶ 関係を適切に表現するコツ

イマイチな モデルに共通する 4つの特徴

　モデルを作るというのは簡単なようでいて案外奥が深く、慣れないうちはなかなかよいモデルが作れないことも多いはずです。本章では、イマイチなモデルの特徴をレビューした後で、それをどのように改善していくかということをご紹介していきます。

　イマイチなモデルの共通点は、おおよそ次のようなところに落ち着きます。

1．目的・視点が定まっていない・ぶれている
2．要素が網羅されていない・余計な要素が含まれている
3．要素の抽象度が高すぎる・低すぎる
4．要素の関係がうまく表現できていない

共通点 1　目的・視点が定まっていない・ぶれている

　モデルというのは、現実をある側面から切り出してシンプルに表現したものです。それゆえ、切り出す側面が定まらないとうまく作ることができません。

　目的や視点が定まっていないときに起こりがちなのは、色々な切り取り方が混ざってしまうことで、たとえば「序論・本論・転・結論」のようになることがよくあります。

共通点 2　要素が網羅されていない・余計な要素が含まれている

　複数の視点が混ざることで「序論・本論・転・結論」のように余分な要素が含まれたり、本筋とは関係ない要素が含まれてしまうことがあります。

　反対に、「承転結」や「起承結」といったように要素が欠けてしまうこともあります。どちらの場合もモデルとしては不十分なものとなってしまいます。

共通点 3　要素の抽象度が高すぎる・低すぎる

　要素が網羅されていたとしても、その抽象度、すなわち表現のレベルがまばらだと伝わりにくいモデルとなってしまいます。起承転結の起の部分だけが具体的な「主人公の説明承転結」というモデルには強い違和感がありますね。

　起承転結であればほとんど間違えようがありませんが、複雑なものごとを考えるときに、抽象度がまばらになったり、高すぎたり低すぎたりということがよく起こります。

共通点 4　要素の関係がうまく表現できていない

　適切な抽象度の要素が出尽くしていても、要素と要素の関係が分からないままではよいモデルとは言えません。

　たとえば、起承転結という物語のモデルはこの順番に物語が進むからこそ意味があるのであって「転起結承」などとなっていると、意味の分からないモデルになってしまいます。

よいモデルの特徴

イマイチなモデルの裏返しがすなわちよいモデルの特徴ということになります。

【イマイチなモデル】

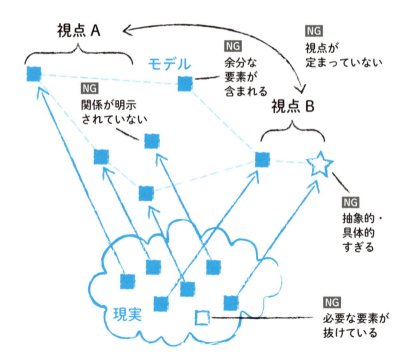

【よいモデル】

1．目的・視点が定まっている
2．要素が網羅されている・余計な要素が含まれない
3．要素の抽象度が適切である
4．要素の関係がうまく表現されている

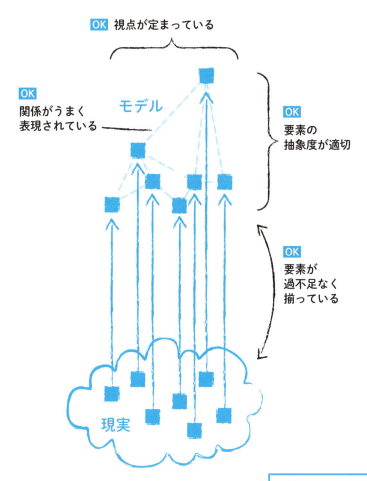

第4章 よりよいモデルを作るには？

目的・視点を
定めるときのポイント

「何のためにモデルを作るのかという目的」「ものごとのどこに着目して
モデルを作るのかという視点」を定めていくのがよいモデルを作る最初の
ステップになります。ここでは、どのように目的や視点を定めていけばよ
いのか、具体的なポイントをご紹介しましょう。

■自分の立場を確認する

　ものごとをモデル化するとき、自分はどのような立場からそのものごと
に関わっているのかを考えてみましょう。

　たとえば本をモデル化するとき、あなたがデザイナーという立場だとし
ます。その立場からは、本の詳細な内容よりも、本がどのようなヴィジュ
アルを持つかといった見た目を気にするはずです。

　一方編集者の場合、ヴィジュアルも大事ですが、どうすれば読者により
伝わりやすくなるかといった構成や文章表現に着目するはずです。

　このように、モデル化する対象に対して、自分はどういう立場にあるの
かを意識することによって、自然と自分がその対象のどこに着目している
のか、着目すべきなのか、着目したいのかが明確になってきます。

■何のためにモデル化するのかを一言で表してみる

「結局のところモデル化するのは何のためか？」という質問に対して一言で答えてみるのも、目的・視点を明確にするために役立ちます。

たとえば、「本がどういう流れで作られているかを知りたい」という一言が出てきたならば、本の構造や構成ではなく、本を作る制作プロセスに着目してモデルを作るのがよさそうだと分かります。

■目的・視点はモデルを作りながら定まっていく

始めからモデルを作る目的や視点が明確に定まっていることはそう多くはありません。だから、目的を最初から明確に一言で言えなくても構いません。まずは目的を意識することが大事なのです。

ある程度目的を意識したうえでそれをもとにモデルを作ってみて、それが本当に表したいものなのかを考え、目的について検討し直す。そしてまたモデルを作ってみる。このように、モデルを作りながら目的が定まっていくことのほうが多いのです。そのため、モデルを作って、考えて、作って、考えて、とモデル化と思考の両輪を回していくことが重要です。

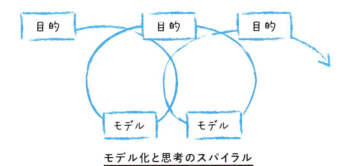

モデル化と思考のスパイラル

第4章 よりよいモデルを作るには？

必要な要素を過不足なく網羅するテクニック

　要素を網羅しながらも余計なものが含まれないようにするにはどうしたらよいでしょうか？　ここでのポイントは過不足なくシンプルに表現するというところです。

ひとつずつ要素を削除してみる

　余計な要素を確認するために必要なテクニックは、要素を一旦削除してそれでもモデルが理解できるかどうかを確認することです。削除しても問題がないようならば、それはもともと必要なかったということになります。

　具体例を見てみましょう。「雨だれ石を穿つ」ということわざがあります。雨樋などから一滴ずつ落ちていく水滴がやがては石を貫く。転じて、根気よく努力を続ければいつか成果が得られるという意味になります。

　これが「モデル1」のようにモデル化されていたとします。水滴が石に穴をあけると同時に水たまりを作るので、間違いではありません。しかし、このことわざの意味を考えたときに水たまりは必要でしょうか？

　水たまりを削除して「モデル2」としても、意味は損なわれません。一方、水滴や石を削除すると意味が通じなくなってしまうので、こちらは欠かせない要素ということになります。

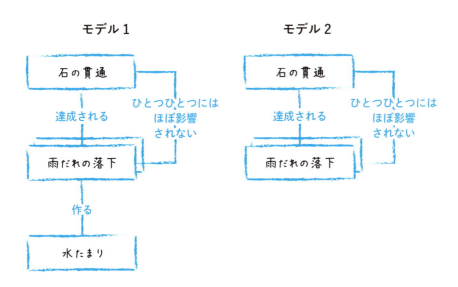

■不足している要素は発散思考で探し出す

　要素が不足している場合にはどうしたらよいでしょうか？

　まずは何より、要素が不足していることに気付く必要があります。ここは多少経験がものを言う部分ではあるのですが、**モデルを作った後で違和感やしっくりこない感じがないかを確かめてみる**というのがその方法です。

　違和感を覚える要因はさまざまありますが、一番は要素の不足です。何か変だなと感じたときは、見落としている要素がないかブレストしてみる、すでに書き出した要素から連想される要素を追加してみるなどしていくことで、よりよいモデルに修正していくことができます。

　また、このプロセスを試行錯誤しながら進めていくことは、モデル化の対象となっている複雑なものごとについての理解を深めることにもつながります。

第4章 よりよいモデルを作るには？

モデルの抽象度を調整する方法

　要素は出揃ったはずだけどまだ何か少しおかしいと感じたときは、要素の抽象度が適切かを確認してみましょう。抽象度というのは難しい言葉ですが、「言葉の当てはまる範囲の広さ」と捉えるとすっきりするかもしれません。たとえば「犬、猫、鳥」や「動物、植物」が同じ抽象度の組み合わせで、後者のほうが抽象度が高くなっています。

■抽象化と具体化を理解する

　抽象度を上げる操作を抽象化、下げる操作を具体化と言います。抽象化はより一般的にすること、具体化はより現実の事物に近づけることとそれぞれ言い換えることができます。

　ここでは、犬の抽象化と具体化について考えてみましょう。抽象化と具体化においても視点が重要です。ペット、かわいらしいものという抽象化ももちろん可能ですが、今回は生物学者になったつもりで取り組んでみることにします。

　まずは、動物と抽象化できるでしょう。動物をさらに抽象化すると生物になります。抽象度を下げると今度は、秋田犬、柴犬、ゴールデンレトリバーなど多様な犬種がまず出てきます。さらに秋田犬を具体化すると、ハチ、ポチ、太郎など、それぞれ個別の名前のついた犬が候補に挙がります。

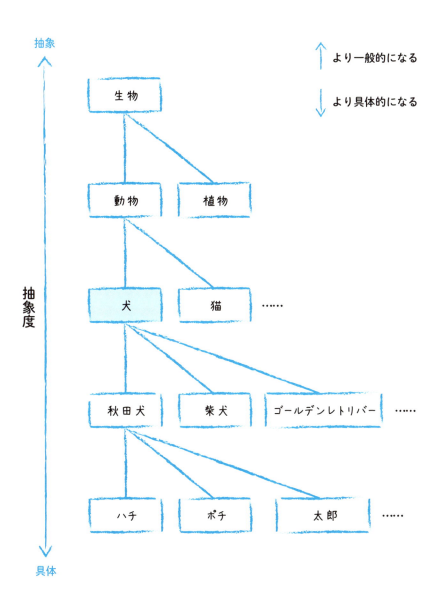

■抽象的・具体的になりすぎないようにする

　よいモデルは、抽象的すぎず具体的すぎない、ほどよい抽象度で作られています。**抽象的すぎると当たり前のことしか言えず、伝えたいことが消えてしまいます。また、具体的すぎると情報が多すぎて、伝えたいことが伝わりません。**

　つまり、どの程度の抽象度が目的に合致するかを意識する必要があるということです。そのためには、目的に沿った抽象度に調整することが重要になってきます。

　たとえば、映画の内容を伝えるときに、ストーリーを一から説明するのは具体的すぎます。一方、あの映画は起承転結だったと説明するのは、抽象的すぎて映画のおもしろみがまったく伝わりません。

　極端な具体と極端な抽象の間に存在するちょうどよい抽象度が、最も伝えたい内容を表現してくれるのです。

■他人に伝わるかで適切な抽象度か確認する

　それでは、どのようにちょうどよい抽象度を設定すればよいのでしょうか？　それには、できあがったモデルを見て、本当に自分が表現したいことが表現されているかを自問自答することで、適切かを確認できます。

　それだけで確認できることもありますが、なかなかひとりでは気付けないこともよくあります。そこで**特におすすめしたいのは、他の人に見てもらうことです。**

　たとえば、映画の内容を「起承転結」というモデルで表現した場合、見た目としては、具体的な映画の情報が一切入っていません。そのモデルを他の人が見たら「結局具体的にどこがよかったの？」と聞き返してくれるでしょう。

COLUMN 具体化と抽象化のトレーニング

　具体化と抽象化は、モデルベース思考をフル活用する際の鍵となるテクニックです。正しく使いこなせるようになるコツをここで紹介いたします。

　練習問題として、コップを抽象化・具体化してみましょう。まずは自分なりにコップを抽象化するとどうなるか、具体化するとどうなるかを考えてみてください。

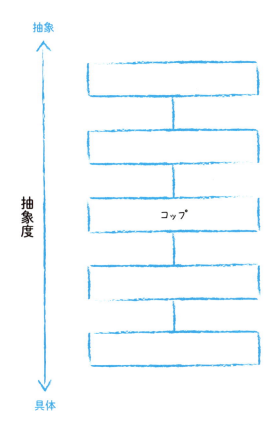

第4章 よりよいモデルを作るには？

ある人は、次のように抽象化・具体化をしてくれました。

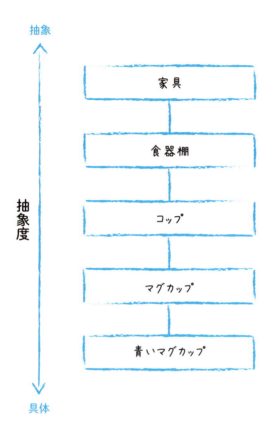

　コップを抽象化して食器棚、食器棚を抽象化して家具としています。また、コップを具体化してマグカップ、マグカップを具体化して青いマグカップとしています。
　これが正しい抽象化・具体化になっているかを確認してみましょう。

具体化すると要素が増える

　ここで一度、コップとマグカップの定義について確認しておきます。コップは取っ手のない飲用食器の総称として使われる場合もありますが、ここでは飲用食器全般を指すものとして使います。また、取っ手のない飲用食器はグラスと言うことにします。そして、取っ手付きの飲用食器をマグカップと呼ぶことにします。

　そうしたとき、コップを具体化するとマグカップやグラスになるという関係性があることになります。コップの具体化はマグカップであり、さらに具体化すると青いマグカップや赤いマグカップとなるので、具体化に関しては問題なさそうです。これをモデルで表すと以下のようになります。

　一般的に、具体化の方向へ進むほど要素が増え、抽象化の方向へ進むほど要素が減っていきます。

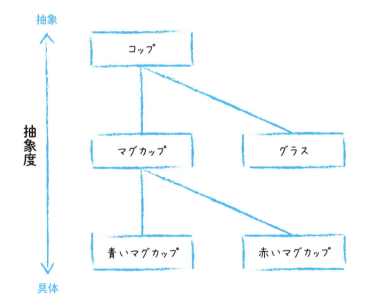

第4章 よりよいモデルを作るには？

抽象化と「is a」の関係

　具体化は大丈夫でしたが、抽象化には問題があります。コップを抽象化すると、はたして食器棚になるでしょうか？

　ここで、抽象化や具体化の際に覚えておくと便利なキーフレーズをお教えします。それは、「is a」というフレーズです。Xを抽象化してYになるとします。そのとき、「X is a Y」という文章を作ることができます。逆に、Yを具体化してXになるときも「X is a Y」という関係が成立します。つまり、「具体 is a 抽象」という関係です。

　たとえば今回の例の場合、コップの具体化はマグカップでした。たしかに、「マグカップ is a コップ」という文章が成立しています。ところが、「コップ is a 食器棚」すなわち「コップは食器棚です」となるとどうでしょうか？　これは違いますね。コップは食器棚ではなく、食器です。

　このように、「is a」の関係を使うと、正しく抽象化されているか、正しく具体化されているかを確認することができます。「is a」の関係をふまえて抽象化をやり直すと、たとえば右図のようになります。

　自由自在に抽象化と具体化ができるようになると、モデル化がスムーズになるだけではなく、モデルを使った問題解決能力、アイデア創出力が飛躍的に向上します。

　トレーニングが重要なので、電車の中や退屈な会議などで、目の前のものを抽象化・具体化する練習をしてみてください。

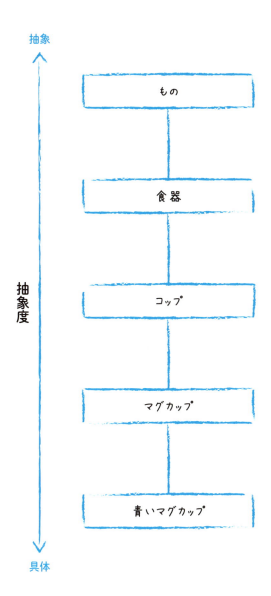

第4章 よりよいモデルを作るには？

関係を適切に表現するコツ

　要素が出揃って抽象度が定まったら、後はその関係が適切かどうかを確認していきます。モデルに表現されていない関係がないか、モデルに表現されている関係が適切か、それぞれについて見ていきましょう。

■チェックポイント１：関係に抜け漏れはないか

　まずは、関係に抜け漏れがないかをチェックします。そのためには、すでに出ている要素と要素の関係で、まだ表されていないものがないかを、ひとつひとつていねいに見ていきます。関係がまだ描かれていない要素同士の関係を考えてみることで、抜け漏れに気付くことができます。

■チェックポイント２：文章として成立するか

　次に、関係を確認するうえで最も重要な、作成した関係が適切かどうかをチェックする方法をご紹介しましょう。それは、論理を検証することです。難しそうに感じられるかもしれませんが、文章として成立するかをチェックすればよいので構えなくても大丈夫です。
　要素と要素の関係が本当に成立するかをロジカルに考えることで、関係の適切さを確認することができます。

具体例を見てみましょう。ある会社で、商品の売上を上げるにはどうすればよいかが話し合われています。そこで、商品の売上を上げるためには口コミが有効だから、口コミが広まるように幅広く広告を出すという案が出てきました。

　上のモデルから「広告の強化は口コミの増加を生み、口コミの増加は売上の増加を生む」という文章が作れます。ここで疑問がわいてきます。
　広告を強化しさえすれば口コミが増加するのでしょうか？　広告を強化して商品を買ってくれる人が増えたとしても、商品の質が高くなければ口コミは増えないでしょう。つまり、広告の強化が口コミ増加を生むという説明には論理的な飛躍があるということです。

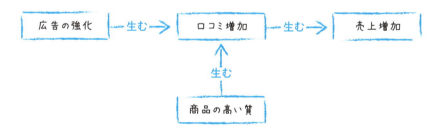

　さらに言うと、口コミが増加するだけで売上が増加するという部分についても論理の飛躍があります。たとえば、十分な在庫がないと売上は上がりませんよね。
　このように、関係の論理を考えるとその関係が適切であるか確認でき、適切でない場合は新たな要素を追加することで関係を適切にすることができます。これは、見落としていた要素を見つけることにもつながります。

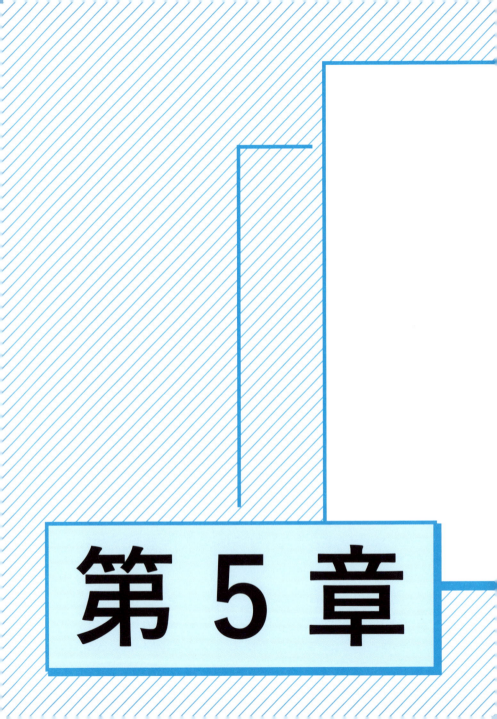

第 5 章

身近な もの の モデ ル を 作る

▶さるも木から落ちる
▶ついた餅より心持ち
▶コンコルドの誤り

さるも木から落ちる

　前章までにモデルの作り方や、作ってみた後のチェックポイントを紹介してきました。本章では、いくつか具体的にモデルを作ることで、モデル化の方法を身につけていきましょう。まずは「さるも木から落ちる」を取りあげます。

■要素を書き出して関係を明らかにする

「さるも木から落ちる」ということわざはみなさんご存知だと思います。木登りが得意なさるであってもたまに木から落ちてしまう、つまり、達人であってもたまに失敗してしまうことがある、ということを表現したものです。
　このことわざをモデル化する際、何を要素とするのが適切でしょうか？試しに、「さる」と「木」を要素にしてみましょう。するとその関係は、「たまに落ちる」などになりますね。

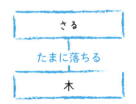

さるも木から落ちるのモデル？

■本質は抽象化したときに現れる

たしかに、これでもモデルを作ったと言うことは可能です。しかし、このモデルには、ことわざの本質を捉えているとは言いがたいところがあります。**ことわざは、字義通りに捉えるのではなく、一度抽象化して何を意味しているかを考えたときにその本質が見えてくるものです。**

先ほどのモデルを抽象化してみましょう。するとどうでしょうか、「木」は「植物」ぐらいにしかなりません。同様に、「さる」は「動物」といったところでしょう。動物が植物からたまに落ちると言われても、何のありがたみもありませんね。

何が言いたいのか分からない抽象化

■目的を定めて再度挑戦

モデルを作るときには、モデルを作る目的を意識して、重要なものを要素にすることが重要でした。とにかく要素を書き出してみるというのも大事ですが、「さるも木から落ちる」が**何を伝えようとしているかを意識して、そこで重要な部分を要素にしてモデルを作る**必要があります。

たとえば、「さるも木から落ちるの教訓をモデル化したい」という目的があったとしましょう。そのとき「木」は重要なポイントとなるでしょうか？ 木そのものが本当に重要なのでしょうか？ 重要ではありませんね。

■「さる」も「木から落ちる」

先ほどの考察から、ことわざの教訓を表すという目的において、「木」自体はそれほど重要ではないことが分かりました。

それではどうすればよいでしょうか？　たとえば、「木」ではなく、「木から落ちる」を要素にしてみたらどうでしょうか。さらに、「落ちる」は動詞なので「落ちること」と名詞にしてみます。

そうすると「さる」と「木から落ちること」の関係は「たまに落ちる」ではなく「たまにする」としたほうがよさそうですね。

さらに、それぞれの要素を抽象化してみましょう。たとえばさるは達人、木から落ちることは失敗と抽象化できそうです。

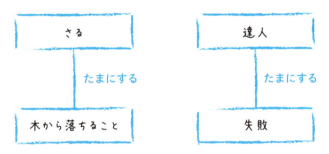

さるも木から落ちるの意味をきちんと捉えたモデル

このモデルは納得感が大きいのではないでしょうか。さるも木から落ちるということわざは、達人もたまに失敗するということを表しています。

ここでの肝は、「木」ではなく「木から落ちる」を要素にしたところにあります。ついつい「木」のような名詞を要素にしてしまいがちですが、「木から落ちる」のようなフレーズを名詞化して要素にしてみることも、よりよいモデルを作るうえでは重要です。

■具体モデルと抽象モデル

　モデルベース思考では、具体化と抽象化を繰り返すことで思考を深めていきます。そして、目の前のものごとをモデルで表現したものを「具体モデル」と呼び、具体モデルを抽象化したものを「抽象モデル」と呼びます。

　よい具体モデルは、抽象モデルに変換したときに意味が崩れることはありません。むしろ、純度が高まり意味がよりはっきりとしてきます。反対に、具体モデルが本質を捉え損ねていると、何を意味するのか分からない抽象モデルが得られてしまいます。

■抽象モデルに別の具体例を当てはめてみる

「さるも木から落ちる」ということわざには、「弘法にも筆の誤り」だとか「かっぱの川流れ」といった、同じ内容を表現する仲間がいます。それぞれ具体モデルは違えど、同じ構造の抽象モデルを持っています。

　抽象モデルに別の具体例を当てはめることで、新たな具体モデルを作ることができます。たとえば、「ゴルゴ13のミスショット」「新聞記者の誤字脱字」などです。

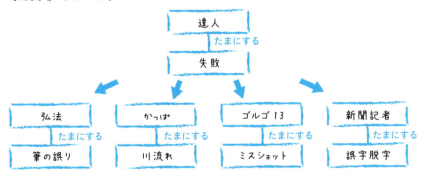

「さるも木から落ちる」の抽象モデルをさまざまに具体化

第5章 身近なもののモデルを作る

ついた餅より心持ち

　次は「ついた餅より心持ち」ということわざをモデル化してみましょう。先ほどより少し複雑になってきます。

　ついた餅より心持ちということわざを説明するにあたって、太郎くんと花子さんに登場してもらいましょう。太郎くんと花子さんはデートしています。ふたりで訪れた先はなぜか餅つき大会です。シュールすぎるデートではありますが、ここは太郎くんと花子さんの意思を尊重してあげましょう。太郎くんは一生懸命お餅をつき、ついたお餅を花子さんにプレゼントします。そうすると、花子さんはたいそう喜びました、というお話です。

▌字面通りのモデル

　字面通りに次のようなモデルを作ることはすぐにでもできるでしょう。しかし、これはこのことわざの本質を捉えたモデルとはなっていません。「ついた餅より心持ち」の「心持ち」の部分が、どこにも現れていないからです。

字面通りの「ついた餅より心持ち」のモデル

■心持ちをモデルに組み込む

　そもそも、花子さんはなぜ喜んだのでしょうか？　花子さんが無類のお餅好きという可能性もないわけではありませんが、お餅に喜んだのではなく、花子さんにお餅をあげようと一生懸命餅をついてくれたことに喜んだのでしょう。

　それでは、字面通りのモデルに、「心持ち」を組み込んでみましょう。

　ここでの「心持ち」とは、太郎くんの、花子さんに「喜んでもらいたい気持ち」のことですね。

　気持ちと「餅」の関係はどうなっているでしょうか？　太郎くんは「餅」を渡すことで花子さんに気持ちを伝えようとしています。そして、実際、花子さんにその気持ちが伝わりました。

　それらをふまえると、次のようなモデルが適切でしょう。「太郎くん」が「花子さん」に「餅」を渡します。その「餅」は「太郎くん」の「喜んでもらいたい気持ち」を表しています。そして、それが「花子さん」に伝わるというモデルです。

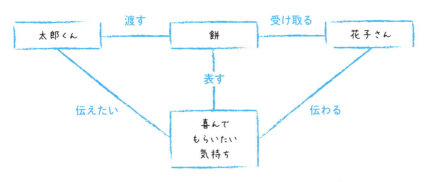

意味をきちんと押さえた「ついた餅より心持ち」のモデル

第5章 身近なもののモデルを作る

抽象化して広く使えるモデルを作る

先ほどは太郎くんと花子さんの話に関する具体モデルを作りました。これを抽象化することで、もう少し一般的に言えることを考えてみましょう。抽象モデルを作ることで、その事例だけにとどまらない、汎用的に使える考え方を見出すことができます。

太郎くんが花子さんにお餅をあげていることから、太郎くんは「送り手」、花子さんは「受け手」と抽象化できるでしょう。

では、お餅はどうなるでしょうか？ お餅のままだと具体的すぎるので抽象度を上げて、「物」としてみましょう。

そして、喜んでもらいたい気持ちは、喜んでもらいたい気持ち以外も含めた一般的な「気持ち」と抽象化できるでしょう。

それらをふまえてモデルを抽象化すると次のようになります。

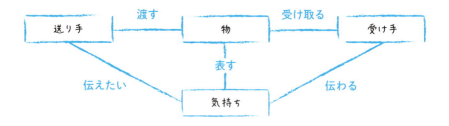

送り手が受け手に物を渡すのは気持ちを伝えたいから、という一般的な内容になりましたね。

このように抽象化しておくと、さまざまな場面で使える一般的なモデルが得られるようになります。次は、これをもとに別の文脈で具体化してみましょう。

■抽象モデルを別の場面・文脈で具体化する

　抽象モデルが得られたら、他の場面で具体化することで、モデル化した内容を応用することができます。次のモデルを見てみましょう。

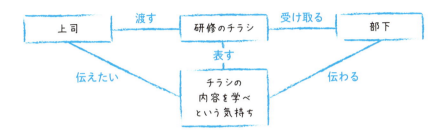

　上司から研修のチラシを渡された、もしくは研修に関するメールが送られてきたという経験はありませんか？　それには、その研修の内容をしっかり学んでほしいという気持ちが入っていたのかもしれません。

　このように、具体的な事例をもとに抽象化されたモデルを作って、その内容を応用していくことで、新たな発見が生まれるのがモデルの強みです。

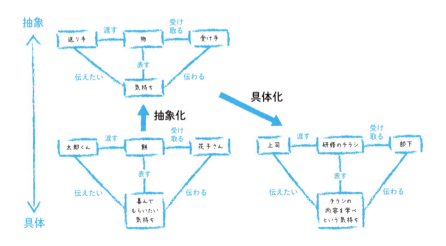

第5章 身近なもののモデルを作る

コンコルドの誤り

　身近なもののモデル化の締めくくりとして、ここでは、「コンコルドの誤り」として知られる心理現象のモデル化に取り組んでみましょう。

　コンコルドの誤りというのは次のようなストーリーです。

　コンコルドとは、イギリスとフランスの企業が両国政府の支援を受けて共同で開発した超音速旅客機です。音速を超えるスピードで飛行することから開発当初は未来の旅客機として非常に強く期待されていました。

　ところが、現在の金額でおよそ2000億円という莫大な費用を開発に費やしていたにも関わらず、発生する騒音の問題や離発着できる空港が限られることなどから利用が限定されることが判明し、開発途中で採算が合わないことが明らかになりました。

　合理的に考えるならば、それまでにかけてしまった費用ではなく将来の採算を考慮し、直ちに開発を中止するべきでした。しかし、すでに莫大な費用をかけてしまっていたことから途中で中止することができず開発は続行されました。その結果、予想通りまったく採算はとれず、最終的には現在の金額で1兆円を超える大赤字となってしまいました。

このように、これまでにかけた費用にとらわれ、合理的な判断ができなくなってしまうことをコンコルドの誤りと言います。コンコルド効果やコンコルドの誤謬と言われることもあります。

　過去にかけた費用に執着することなく、将来の採算を考えるのが合理的な判断であるということですね。過去にかけた費用は埋没費用（サンクコスト）と呼ばれ、経済学的にも人はサンクコストに執着してしまい、合理的な判断ができなくなることが示されています。

　これをモデル化してみましょう。「2000億円の投資」や「1兆円を超える大赤字」を要素として取り出してきて、それらの関係を考えてみます。

　誤った判断では、2000億円の投資に執着してしまったために開発を続行し、1兆円を超える大赤字になってしまいました。合理的に考えて開発を中止していれば、額は大きいですが2000億円の損失で済んだはずです。

　以上の関係性や言葉を整理すると、次のようなモデルを作成できます。

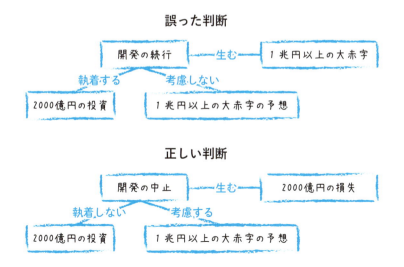

第5章 身近なもののモデルを作る

■コンコルドの誤りを抽象化する

コンコルドの誤りの教訓はどこにあるでしょうか？　過去に投じた費用にとらわれてしまい、将来の赤字を考えないようにするととんでもない大赤字という大失敗につながります。反対に、思い切って過去の費用を無視してしまい、将来の赤字を考慮して中止を決めれば、最小限の損失に抑えられるということです。抽象モデルとしては、たとえば次のようなものが考えられるでしょう。

■コンコルドの誤りを身近な例で具体化する

具体モデルを作成して抽象化、抽象モデルを別の文脈で再度具体化というモデルベース思考の使い倒し方にそろそろ慣れてきたのではないでしょうか。具体化された例をいくつか見てみましょう。

まずは会議のとある一場面における具体化です。

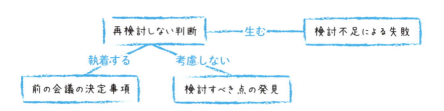

以前の会議で決定している事項についての新事実が発覚したとき、本来ならば新たに検討し直さなければなりません。しかし、ついつい時間をかけて出した結論を重視してしまい、検討しなければならない事項をないがしろにしてしまう。最悪の場合、失敗になってしまうかもしれません。まさにコンコルドの誤りに陥っています。

　次のモデルはいかがでしょうか。テンポも悪く、確実におもしろくないことが途中で判る映画であっても「せっかくここまで見たから……」と、最後まで見続けてしまうケースです。

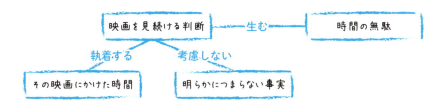

　コンコルドの誤りはプライベートにも応用できます。楽しい将来があまり期待できないにも関わらず、「長く付き合ったから……」と結婚するケースです。そうしたとしても、つまらない結婚生活が待っているだけです。これは私の友人が陥ってしまったコンコルドの誤りです。

　このように身近な例に当てはめてみることで、人が心理的に陥りやすい失敗に気付くことができるようになります。

第5章 身近なもののモデルを作る

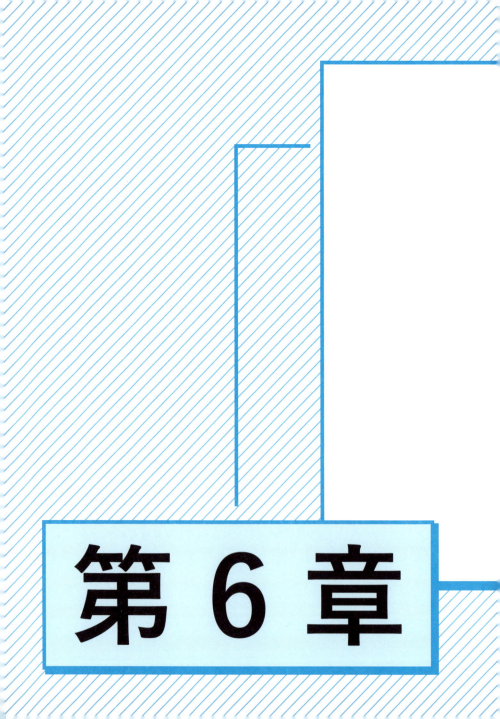
第6章

モデルを
使い倒す
方法

▶モデルベース思考の世界

モデルベース思考の世界

　これまでに、モデルベース思考のキーワードとして、**目的・視点、抽象度、具体モデル、抽象モデル**が登場してきました。モデルベース思考を使い倒すために、「さるも木から落ちる」ということわざを題材に、これらを復習しつつ、その関係を整理していきましょう。

■視点・目的とモデルの関係

「さるも木から落ちる」という現実のできごとから始めましょう。

　Aさんはこれを「木登りが得意なさるも木から落下することがある」と捉え、Bさんは「さるはたいていの場合木登りに成功するが、ある確率で失敗する」と捉えたとします。Aさんはこのできごとから達人でも失敗することがあるという教訓を得ました。一方Bさんは、ここから達人は成功する確率が高く、失敗する確率が低いという確率的な考察を導いています。

　これはどちらかが正解というわけではなく、AさんとBさんは視点が異なっていたというだけです。視点が変われば、それに合わせてモデルも変わってきます。このことを模式的に表したのが次の図です。

　まず、「さるが木から落ちる」という具体的な現象が存在します。それを、それぞれ異なる視点でモデル化した具体モデルが出てきます。

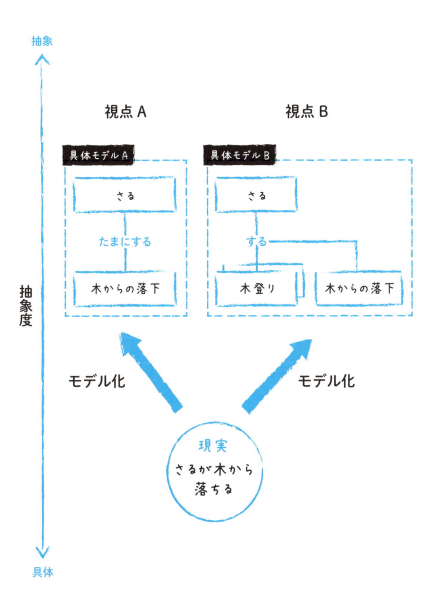

第6章 モデルを使い倒す方法

具体モデルと抽象モデルの関係

次に、具体モデルと抽象モデルについて整理してみましょう。

先ほど、異なる視点から「さるも木から落ちる」の具体モデルを作成しました。視点によって異なる具体モデルが作成されたわけですが、それぞれを抽象化するとどうなるでしょうか?

具体モデルAの「さる」は「達人」、「木からの落下」は「失敗」と抽象化できそうです。具体モデルBの「さる」も「達人」、「木登り」は「成功」、「木からの落下」は「失敗」と抽象化できそうです。

当然ですが、それぞれ異なる抽象モデルが得られます。そして、抽象モデルには、よりはっきりとモデル化の際の視点が現れてきます。やはりここでも、どちらの抽象モデルが正しいということではなく、視点が変わればモデルが変わるというだけのことです。モデルベース思考は、正解がひとつというわけではないのです。

また、ひとつひとつの要素を抽象化していくので、具体モデルの構造と抽象モデルの構造が同じになるというところもポイントになります。

そのため、具体モデルAから抽象モデルBを導いてしまうような、視点がぶれてしまい、構造が変わってしまう抽象化については、明らかな間違いと指摘することができます。

具体モデルと抽象モデルの構造が異なっていたら、どちらかのモデルに足りない要素や無駄な要素があるはずだと考えて、モデルの改善をしてみてください。

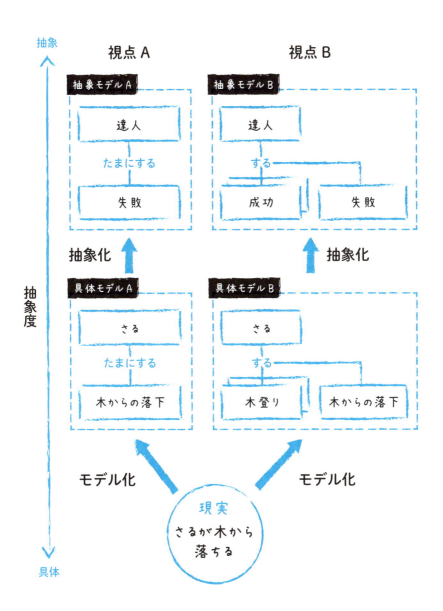

▍抽象化と具体化

　前章で「弘法にも筆の誤り」や「かっぱの川流れ」といった、「さるも木から落ちる」に似ていることわざについて紹介しました。

　これらのことわざはそれぞれ別の現象であり、具体モデルを作ってもそれぞれ異なるモデルとなります。しかし、抽象的に考えると、「達人」もたまに「失敗」するという共通点を持っていて、抽象モデルは同じものになります。

　なぜそうなるかと言うと、抽象化というのは汎用性を高めることだからです。汎用性を高めることで、広い文脈でモデルを用いることができるようになります。具体モデルは目の前の状況を整理するのにとても有効ですが、そこにとどまらず抽象モデルまで作ることでモデルの威力が一気に高まります。

　というのも、コンコルドの誤りで見てきたように、一度抽象モデルを作ってしまえば、自分が直面している問題などさまざまな具体的なできごとに対して、抽象化によって得られた知恵を応用できるようになるからです。

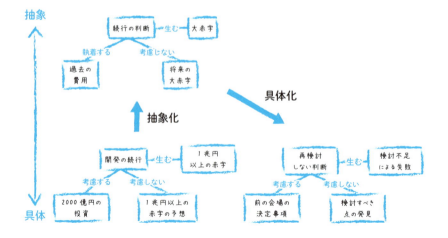

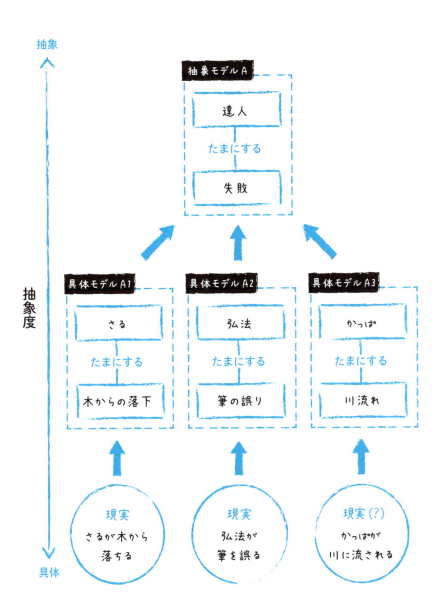

第6章 モデルを使い倒す方法

モデルと抽象度

　最後に、抽象度について整理しておきましょう。

　私たちがものごとを理解するとき、無意識のうちに適切な抽象度でそのものごとを理解しています。

　たとえば、映画の内容を伝えるとき、一からストーリーをていねいに説明するのは具体的すぎます。また、あれは起承転結でおもしろかったよ、と言うだけでは抽象度が高すぎます。聞き手は、どのような起承転結があったのかある程度具体的な内容が知りたいはずです。

　また、プリンターのビジネスモデルでは、「プリンター購入とインク購入」という具体モデルよりも、「（初期費用ではなく）維持費で稼ぐ」という抽象化されたモデルのほうが、汎用的で価値が高いものとなっています。

　映画の内容を伝えるときは起承転結をより具体化した内容に価値があり、プリンターのビジネスモデルを理解するうえでは、初期費用ではなく維持費で稼ぐという抽象モデルに価値があります。

　このように、モデルを使う場面や目的によって、適切な抽象度が異なります。

　たとえば、脚本家を育成するための授業では、まずは起承転結という抽象的なモデルについて説明したほうが有意義でしょう。抽象度を高めることで汎用性が上がり、本質的な部分が見えやすくなるからです。しかし、抽象度を高めすぎると、場合によっては本当に言いたいことが伝わらなくなってしまうことがあります。

　だからこそ、モデルを使う場面や目的を意識して、その場面や目的に合った抽象度でモデルを作るのです、そうすることで、そのモデルの価値が最大限高まります。

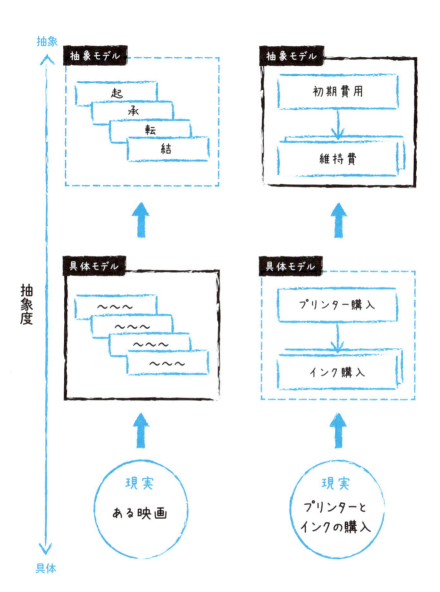

第6章 モデルを使い倒す方法

COLUMN
モデルと図解の関係

　さて、モデルベース思考はどのようなものごとであっても四角と線でモデル化できると主張していますが、すべてのものごとを四角と線でモデル化するのがベストだとまでは言いません。四角と線によるモデル（それが具体モデルであっても）だと抽象度が高すぎて、伝わりにくいことがあるからです。それは、私たちが、具体的なものごとのほうが考えやすいという性質を持っているからです。

　そのような場合は、みなさんが普段使っている図解が有効です。図を使うことで、その内容を身近に感じることができます。

　それでは、図とモデルの関係はどのようなものでしょうか？前のコラム「四角と線だけだと味気ない！？」では、モデルは中身のことで、図はその中身を視覚的に彩った見た目に対応するとお伝えしました。

　みなさんは、すでに抽象化と具体化について学ばれたので、それらの用語を使って、図とモデルの関係を整理し直してみましょう。

　結論から言うと、図というのは、モデルと現実の事象の中間に位置するものです。図にはモデルよりはるかに多くの視覚的な情報が含まれていますが、実際の現象そのものではありません。しかし、そのエッセンスはしっかりと表現されています。

　抽象度の観点から考えると、図というのは現実の事象が抽象化されたものとなっています。同時に、モデルに対しては視覚的な情報が付加されたもの、すなわち具体化されたものともなっています。

　つまり、図は現実の事象とモデルの中間の抽象度にあるということです。

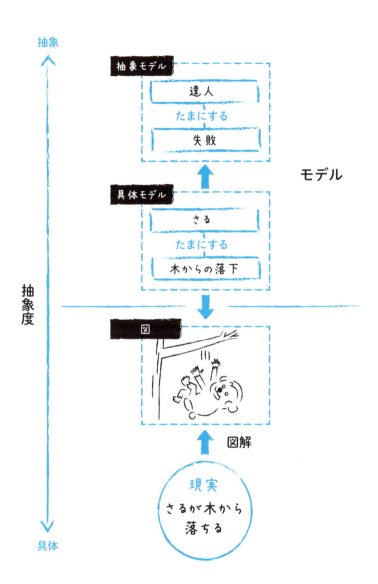

COLUMN

体験のモデル化によって暗黙知を形式知に変えられる！

何をするにしてもコツというものがあります。しかし、コツの多くは暗黙知であり、言葉でうまく説明するのが難しいものです。ここでは、モデルベース思考をうまく使うと、そのような暗黙知を形式知に変えられるという私の例をご紹介しましょう。

今回のモデル化の対象は英語での発表です。私は英語を流暢には話せませんが、海外での研究を体験するため2カ月半ほど短期留学していました。留学の仕上げには、研究成果の発表があります。

英語での発表に慣れていなかったため、発表内容を原稿にすべて書き出して、それを覚えて発表リハーサルに向かいました。しかし、覚えたはずの原稿がうまく出てこず、自分でも何を言っているかよく分からない状態でした。

そのとき、教授が私に「その原稿は忘れて、いくら時間がかかってもよいから自分の言葉で説明してみなさい」と言ってくれました。そこで、たどたどしいながらもどうにか自分の言葉で説明を試みました。すると教授は、「それなら分かる。今のようなやり方で何回も練習するんだ」とアドバイスしてくれました。

その通りに練習して臨んだ最終発表ではスラスラと説明することができ、教授に「素晴らしい発表だったよ」と褒めてもらえるほどでした。

ただ、なぜうまくいったかはよく分かりませんでした。そこで、理由を探るため、モデルを作ってみたのです。これまでの方法は「原稿作成」をして「原稿暗記」をして「発表」に臨むものでした。一方、うまくいった方法は「自分の言葉で説明」をして「時間短縮の練習」をして「発表」に臨むものでした。

そこで、これらの要素をお作法にのっとって抽象化していきました。そして、「原稿作成」は「書き出すこと」、「原稿暗記」は「記憶すること」、「発表」は「思い出すこと」となります。一方、「自分の言葉で説明」「時間短縮の練習」「発表」はどれも「話すこと」と抽象化できることに気付いたのです。

　つまり、原稿を作成して暗記するやり方は、書き出すことや暗記することなど、発表とは別の側面についての練習であり、うまくいった方法は、すべてが話すことの練習となっていたのです。

　これをもう一段抽象化すると、本番の内容に合った練習を行うことが成功の秘訣ということになります。このことが分かった私は、明確な理由を持って後輩の発表指導ができるようになりました。

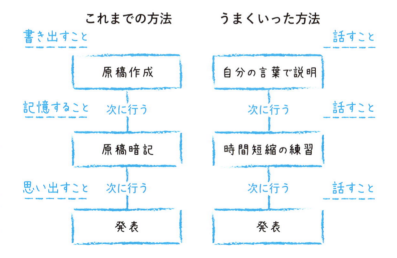

第 7 章

モデルを
ビジネスに
活かす

▶ 他の業界からアイデアを持ってくる方法
▶ ビジネスモデルを見抜き、応用する方法

他の業界から
アイデアを
持ってくる方法

　最後の章では、モデルベース思考をビジネスに活かす方法を紹介します。ブレインストーミングなど、新しいビジネスのアイデアを考え出すための方法はさまざまありますが、ひらめきや才能に頼らずに画期的なアイデアを作り出すことができるのがモデルベース思考の強みです。

■ 野菜をどのように並べるか

　ビジネスにモデルベース思考を活用する第一歩として、八百屋を開店することになったと仮定しましょう。八百屋であるあなたは、さまざまな売上を高める方法が考えられる中、野菜や果物の並べ方を工夫することで売上を上げようと考えています。どのような並べ方が考えられるでしょうか？

　ひらめきが得られるまでノートやペンと格闘したり、気分転換に散歩に行ったりするのもよいでしょう。しかし、ただ闇雲に考えて発想をひらめくのを待つ必要はありません。発想を考えつけるというところがモデルベース思考の強みでした。

　モデルベース思考を使って発想を生み出してみましょう。

八百屋をモデル化する

まず、普通の八百屋ではどのように商品が並べられているか考えてみましょう。今回もまずは具体モデルを作り、その後抽象化していきます。そうすることで八百屋の並べ方に関する知恵を探ることができるからです。

八百屋では、野菜は野菜同士、果物は果物同士近くなるように並べられています。つまり、「野菜であるか果物であるかを区別」して並べる方法を用いていると言えます。早くも具体モデルができました。それでは、それぞれの要素を抽象化するとどうなるでしょうか？ 「八百屋」は「商品を扱うお店」、「野菜と果物を区別」は「カテゴリ別」と抽象化できそうです。

八百屋での並べ方としては、カテゴリ別というのがポイントになることが分かりました。次に、他のお店を想像して、そこで使われている並べ方の知恵を拝借してみましょう。

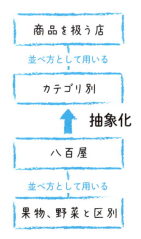

八百屋での商品並べ方モデル

■他業界の事例に学ぶ

　先ほどは、八百屋のモデルから野菜や果物といったカテゴリ別という並べ方を見つけました。それでは、他業界のお店がどのような方法をとっているかを考えてみましょう。

　まずは他業界のお店がどのように商品を並べているかをモデル化し、それを野菜や果物の並べ方として具体化してみます。**できる限り離れた業界のやり方をモデル化する**のがコツです。

　たとえば、本屋を想像してみましょう。小説やエッセイなどは作家別に並べられていますね。

　また、他の業界としてアパレルショップを想像してみましょう。たとえば、シャツやジャケットといったカテゴリ別に並べられている光景がよく見られます。また、マネキンに服を着せて並べていることもありますね。

　実際には思いついた分だけモデル化することをおすすめしますが、今回は、本屋の例では作家別という並べ方、アパレルショップの例ではマネキンを用いた並べ方に着目したモデルを作っていくことにします。

本屋や服屋での商品の並べ方のモデル

■他業界の事例を抽象化する

　これらを抽象化してみましょう。「作家別」というのはカテゴリ別という捉え方もできますが、「作成者別」とすることもできます。「マネキン」を抽象化するのは少し難しいですが、あるシーンに合う商品をひとまとめにしているという視点から、「トータルコーディネート」と抽象化してみましょう。

　ここまでをまとめてモデルにすると、次のようになります。

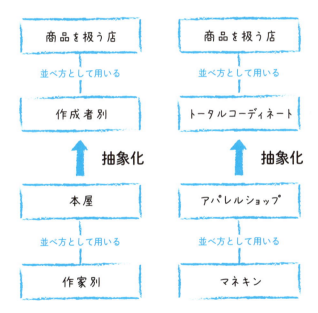

本屋やアパレルショップでの商品の並べ方のモデルとその抽象化

他業界のモデルを具体化する

　小売店が用いている商品の並べ方をさまざま見ていくことで、作成者別やトータルコーディネートといった抽象化された並べ方が出てきました。これで準備完了です。他業界の分析で得られたモデルを野菜や果物を並べるという文脈で具体化してみましょう。

　野菜や果物を並べるという文脈で作成者別を具体化すると何になるでしょうか？　野菜や果物の作成者なので、農家別になりますね。つまり、農家別に野菜や果物を並べるという発想を考えつけます。
　その発想をもとに想像すると、こだわりのある農家が作った野菜をまとめておくと、その農家のトマトが好きな人が、その農家のキュウリはどんな味だろうなど考えるかもしれませんね。また、同じ品種のトマトが農家の違いによってどのように育てられているか、そしてどのように味が違うのかを楽しむこともできるようになります。

　トータルコーディネートはどうなるでしょうか？　これは、あるシーンに合わせてそれに必要なものをまとめて並べるということです。この方法を八百屋の文脈で具体化すると、ある料理に必要な食材をまとめて並べることに対応しそうです。たとえば、これでミネストローネが作れますというように必要な野菜をセットにして売ることなどが考えられます。
　さらに言うと、マネキンを見ることで、普段着ないような服でもこのようなシーンにぴったりだというイメージがわき、試してみたくなります。同じように、バーベキューにぴったりの材料ですという提案の中に、リンゴやパイナップルやバナナなど、普通だったら炭火で焼かないようなものが含まれていたら、思わず試してみたくなるかもしれません。

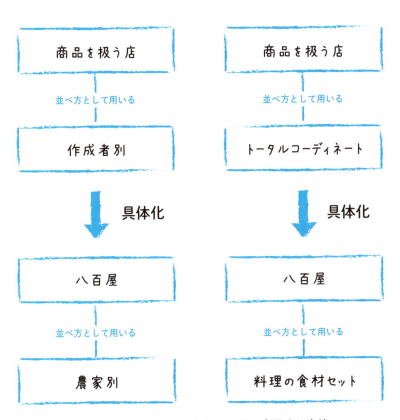

他業界での商品の並べ方を八百屋に応用する方法

ビジネスモデルを
見抜き、
応用する方法

　これまで学んできたモデルベース思考は、ビジネスモデルにも応用することができます。ここでは、私が過去に開催した研修で作られたモデルを、試行錯誤のステップも交えつつご紹介します。

　その研修には、既存のビジネスを題材にそのビジネスモデルを四角と線で表現して、その本質を見極めるというワークがありました。そのとき、あるグループが扱っていたテーマが非常に興味深いものでした。それは「相席居酒屋」です。

■相席居酒屋を分析する

　相席居酒屋とは、女性はタダで飲食ができる代わりに、男性と相席になるシステムの居酒屋です。男性はお店の人というわけではなく、お金を払ってやってくるお客さんです。女性の食事代も支払う代わりに、相席できるというわけです。なんともまあ、というシステムではありますが、その本質は示唆に富むものでした。

　そのグループが最初に提案したのは、次のようなごくごくシンプルなモデルでした。相席居酒屋は、利益を上げるために客を増やそうとしている。それも、特に重要な女性客を増やそうとしていることを表現しようとしたものです。

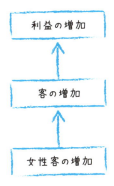

モデルの要素と関係を細かくチェック

　さて、このモデルをさらに精緻なものへとしていきましょう。お客さんが増えるのは女性客が増えたときだけでしょうか？　違いますね。男性客が増えてもお客さんは増えます。そのため、男性客に関する要素を追加する必要があります。さらに、女性客が増えると男性客も増えるという関係もありそうです。他にも、女性は飲食が無料であるといったこともまだ示されていません。これらを取り込むと、次のようなモデルになります。

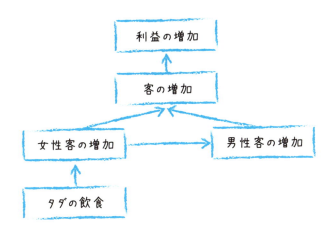

■「相席」をモデル化する

　さて、これで要素は出揃っているでしょうか？　関係は適切に表現されているでしょうか？　確認してみましょう。

　タダで飲食できるから女性客が増えるという関係は問題なさそうです。女性客が増加すると男性客が増加するという関係も問題なさそうです。

　……さて、本当にそうでしょうか？　女性客の増加と男性客の増加の間に、直接の因果関係があるでしょうか？

　よくよく考えてみると、ここに直接の因果関係はありません。女性が多くても相席になれないのであれば、男性客は余分にお金を払うことはないでしょう。

　女性客が増えて、女性客との相席の可能性が増えるから男性客が増えるという因果関係になっているはずです。

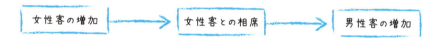

　また、その相席は自然には生まれません。お店側が、男性客を増やすために女性との相席というサービスを設けています。さらに、相席を作るうえで重要な女性客を増やすために女性はタダで飲食できるというサービスも提供しています。それらのサービスが最終的に利益につながるところが相席居酒屋のビジネスモデルの核心なのです。

　さらに、女性客は飲食がタダなので、ただ女性客が増えるだけでは、お店の利益には直接は結びつかない、というところもポイントです。

　これらをふまえて最終的に、モデルは次のようになりました。

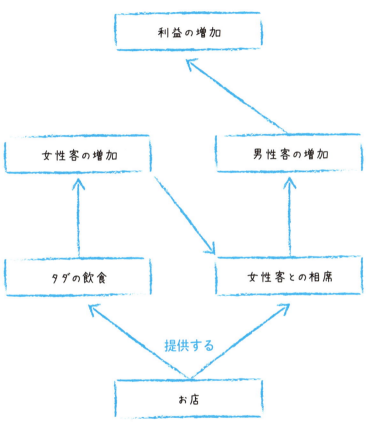

相席居酒屋の具体モデル(最終形)

■別の事例に応用する

　研修ではさらに、このモデルを他の分野に応用することで何か新たなサービスを考えてみましょう、というワークを行いました。「これって完全に出会い系と同じ構造だよね」というような声も多く、なかなかいい応用例が出てこないかと思っていたところ、素晴らしいモデルを出してくれた方がいました。それは、ネットゲームに関するビジネスモデルでした。

　その方は「女性客」を「強い者」、「男性客」を「弱い者」と抽象化して考えました。そして、ネットゲームの文脈で、「強い者」を「上手なユーザー」、「弱い者」を「下手なユーザー」と具体化してモデルを作ったのです。

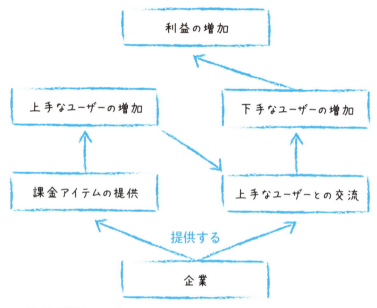

相席居酒屋のモデルをもとにしたネットゲームのビジネスモデル

■相席居酒屋からネットゲームビジネスを発想

　ネットゲームには、上手なユーザーと下手なユーザーがいます。下手なユーザーは上手になりたいと思っています。上手なユーザーと交流できればテクニックを盗めるかもしれませんが、多くの場合上手なユーザーは上手なユーザー同士での交流が心地よく、下手なユーザーとはあまり関わろうとしません。そのため、ある程度時間が経つと下手なユーザーはそのままやめてしまいやすくなるという構造があります。そこで、先ほどのモデルが応用できると考えたのです。

　企業側は、上手なユーザーに課金アイテムをプレゼントするなど上手なユーザーが喜ぶようなサービスを提供します。ただし、その恩恵にあずかった上手なユーザーは、下手なユーザーと一緒にゲーム中で旅をすることになるなどといった、下手なユーザーと一緒に行動する条件をつけます。このようにして上手なユーザーと下手なユーザーが出会う場、まさに相席の環境を提供するのです。

　そうすることでうまくなるための場が提供され、下手なユーザーが離れにくくなります。上手なユーザーにも下手なユーザーにもメリットが生まれるモデルです。

　相席居酒屋といういかにも……といったビジネスモデルも、抽象化すれば、ネットゲームというまったく異なる業界に応用できるということです。私自身、相席居酒屋において、女性が強者で男性は弱者と捉える視点に驚かされました。

　あのビジネスうまくいっているなと思ったときは、是非それをモデルとして表現してみてください。なんらかの形で、あなたのビジネスへの示唆を与えてくれるはずです。

第7章 モデルをビジネスに活かす

あとがき

　本書をお読みいただきありがとうございました。

　最強のシンプル思考術であるモデルベース思考がどのようなものか分かっていただけたでしょうか。以下、簡単にまとめてみましょう。

　モデルベース思考は、複雑なプログラムの処理をシンプルに設計するプログラマーの知恵のエッセンスを抽出した思考法です。具体的には、ものごとを四角（要素）と線（関係）のモデルで究極にシンプルに表現する方法です。ものごとの無駄な部分を削っていき、必要最小限の四角（要素）と線（関係）で表現することで、その本質が浮き彫りになっていきます。

　ものごとをモデル化するときは、まず何のためにモデルを作るのかといった目的を意識して、ものごとの何に着目するかをはっきりさせます。次に、目的を持って考えながらモデルを作ります。そして、そのモデルを改善していくことで目的を明確にしながら考えを深めていく。このようにして「モデルを作る」と「思考する」の両輪を回していくのがモデル化です。

　このようにモデル化していくことで、知的財産権や売上高と５つの利益のモデルのように、ものごとが整理され、理解が促進されます。また、ブルー・オーシャン戦略のように構造を壊すことで新たな発想を考えつけるようにもなります。そして、抽象化と具体化を活用することで、プリンターや相席居酒屋のビジネスモデルで見てきたように、他の事例から知恵を拝借することができるようにもなるのです。

■モデルベース思考は幅広く使える

今回ご紹介した事例はビジネスにフォーカスしたものが多かったのですが、モデルベース思考は本当に幅広く使えます。たとえば、文章作成やプレゼンテーション作りにも活用できます。どちらも構成が鍵となるジャンルですが、構成に関してはモデルを使って洗練させることができます。

左のページの文章構成も、次のようなモデルをもとに書いています。

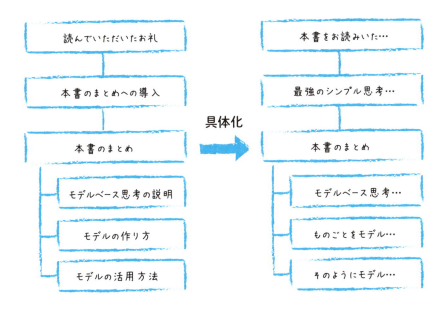

これをベースにすることで、「まとめは『モデルベース思考の説明』『モデルの作り方』『モデルの活用方法』で十分なのか？」といった構成に関する確認ができます。また、構成に問題がなかった場合でも「モデルの作り方の具体化（文章作成）はうまくいっているか？」など、実際の文章に問題がないかを確認することができるようになります。

あとがき

■仲間とともにモデルベースで思考する

　これまでの説明で分かっていただけたかと思いますが、モデルベース思考は本当に幅広く使える思考法です。それでも、使いこなせるようになるには、ある程度の訓練と時間が必要です。

　そこで、是非おすすめしたいのは、他の人と一緒に作っていくことです。

　ひとりでもモデルを作ることはできますが、意外と見落としていることがあるものです。自分のモデルは、当たり前ですが自分で作ったものなので、見るときにどうしても頭の中で情報を補完してしまうことがあります。そうすると、そのモデルは自分には理解できるが、他の人には理解できないものになってしまいます。

　そこで、他の人に見てもらうことによって、それまでに当たり前だと思っていたり、見落としていたり抜けていたりするところに気付くことがあります。

　また、ひとりで黙々とモデルを作っているとつらくなるときがあるのですが、仲間と一緒ならば、楽しく作業を進めることができます。

　是非、モデルベース思考仲間を見つけて、一緒に取り組んでいただければ幸いです。

■お読みいただいたみなさまへのお礼

　このモデルベース思考が、みなさんのよりよい仕事、よりよい人生に貢献できたら非常に嬉しく存じます。本書を手にとっていただき、また、最後までお読みいただき、本当にありがとうございました。

■ご協力いただいた方々へのお礼

本書を作成するうえで、本当に多くの方々にご協力いただきました。

UMLモデリング推進協議会（UMTP）の藤原淳一理事と上野南海雄会長には、まだまだ未熟だった学生の私に数多くの成長の機会を与えていただきました。また、本書についてさまざまなアイデアをご提供いただきました。おふたりのおかげで今の私があると思っています。

モデルベース思考は、富士通（株）吉田裕之様、一橋大学大学院 細谷竜一様、（株）東陽テクニカ 二上貴夫様、（株）豆蔵 羽生田栄一様、（株）エクスモーション 渡辺博之様が開発された「モデ脳」がもととなっています。

慶應義塾大学大学院システムデザイン・マネジメント研究科 白坂成功准教授、五百木誠准教授、石橋金徳特任助教、関西大学総合情報学部 辻光宏教授には、活動の場と新たな視点をご提供いただきました。

ジャパンシステム（株）の阪口正坦社長、（株）ソルクシーズ 長尾章社長には、研修の場をご提供いただくなど多大なるサポートをいただきました。

（株）ディスカヴァー・トゥエンティワンの堀部直人氏には、時間をかけて議論しながら執筆をサポートしていただきました。

最後に、母と父である吉田彰子様と吉田博則様は、全力を注いで私を育ててくださいました。私の基礎を作ってくださったのは両親だと強く感じております。

ご協力いただいたみなさまのおかげで、本書が完成いたしました。

心より御礼申し上げます。本当にありがとうございました。

吉田塁

スーパープログラマーに学ぶ
最強シンプル思考術

発行日　2016 年 5 月 20 日　第 1 刷

Author　　　　　吉田塁

Book Designer　西垂水敦（krran）［装丁］
　　　　　　　　小林祐司［本文・イラスト・DTP］

Publication　　株式会社ディスカヴァー・トゥエンティワン

　　　　　　　　〒 102-0093　東京都千代田区平河町 2-16-1 平河町森タワー 11F
　　　　　　　　TEL　03-3237-8321（代表）　FAX　03-3237-8323
　　　　　　　　http://www.d21.co.jp

Publisher　　　干場弓子
Editor　　　　　堀部直人

Marketing Group
Staff　小田孝文　中澤泰宏　吉澤道子　井筒浩　小関勝則　千葉潤子　飯田智樹　佐藤昌幸
谷口奈緒美　山中麻吏　西川なつか　古矢薫　米山健一　原大士　郭迪　松原史与志　蛯原昇
安永智洋　鍋田匠伴　榊原僚　佐竹祐哉　廣内悠理　伊東佑真　梅本翔太　奥田千晶　田中姫菜
橋本莉奈　川島理　倉田華　牧野類　渡辺基志　庄司知世　谷中卓

Assistant Staff　俵敬子　町田加奈子　丸山香織　小林里美　井澤徳子　藤井多穂子
藤井かおり　葛目美枝子　竹内恵子　清水有基栄　伊藤香　常徳すみ　イエン・サムハマ
鈴木洋子　松下史　永井明日佳　片桐麻季　板野千広

Operation Group
Staff　松尾幸政　田中亜紀　中村郁子　福永友紀　杉田彰子　安達情未

Productive Group
Staff　藤田浩芳　千葉正幸　原典宏　林秀樹　三谷祐一　石橋和佳　大山聡子　大竹朝子
井上慎平　林拓馬　塔下太朗　松石悠　木下智尋　鄧佩妍　李瑋玲

Proofreader　文字工房燦光
Printing　　　株式会社シナノ

・定価はカバーに表示してあります。本書の無断転載・複写は、著作権法上での例外を除き禁じられています。
インターネット、モバイル等の電子メディアにおける無断転載ならびに第三者によるスキャンやデジタル
化もこれに準じます。
・乱丁・落丁本はお取り替えいたしますので、小社「不良品交換係」まで着払いにてお送りください。

ISBN978-4-7993-1872-0
©Lui Yoshida, 2016, Printed in Japan.